川端裕介

学級リーダーの育て方

多様な自立と
協働を生みだす
中学校学級経営

明治図書

まえがき

多様なリーダーを育てて自治的な学級をつくる

学級には、リーダーが必要です。そのリーダーとは、教師ではありません。生徒がリーダーとなって、教師と協働して学級を運営することを通して、生徒は自治的集団のつくり方を学びます。学級リーダーを育てることは、未来の社会の担い手を育てる第一歩です。

ただし、学級リーダーを育てるのは簡単ではありません。同じ生徒という立場で、他の多数の生徒を動かすのは大変です。一人の生徒に頼るとしたら、相当強力なリーダーシップが必要ですが、それは特定の生徒が王様のようになる危険があります。また、学級で取り組む活動は多岐にわたるため、一人のリーダーでは限界があります。

そこで、一部のカリスマ的なリーダーではなく、複数のリーダーが連携して学級を動かすようにします。そして、同じようなタイプのリーダーではなく、多様なタイプのリーダーが活躍できるようにします。変化の大きな社会に対応するには、多様性が大切です。

なお、この場合のリーダーの「タイプ」とは、生徒を特定の「キャラ」として固定化する意味ではありません。リーダーシップの特徴に合わせて便宜的に分けたものです。

また、一人の生徒が複数のタイプのリーダーとして活躍することがあります。リーダー像を固定化せずに、リーダーがもつ多様な側面に注目しましょう。さらに、学級リーダーのタイプは時間、空間、そして仲間によって変わります。次のような変化です。

- **時間による変化**…人間関係の変化や生徒の成長によってリーダーが変わる
- **空間による変化**…活動する内容や場面によってリーダーが変わる
- **仲間による変化**…学級のメンバーによってリーダーが変わる

時間による変化では、例えば進級当初は前に出ることを嫌がっていた生徒が、半年も経った頃には学級を仕切るようになることがあります。空間による変化では、学校行事ではリーダーとして活躍する生徒が、普段の授業ではまったく目立たなくなることがあります。仲間による変化の例としては、ある学級では委員長だった生徒が、進級すると前に出ることをやめ、裏で番長のようにふるまうことがあります。

このように、生徒のリーダーシップは集団の状況や活動内容、仲間の存在などに左右されます。教師としては「○○さんは優等生タイプ」と決めつけないようにします。見えるのは、その生徒の一面に過ぎません。生徒の可能性に目を向けましょう。

また、教師は一人のリーダーを育てるだけではなく、リーダー同士の関係づくりの場を整えて、リーダーをつなぐようにします。リーダーたちはお互いに刺激を受けて成長し、連携して他の生徒を目指す方向へ導くことができるようになります。

タイプ・時期・場面ごとにポイントを絞ってリーダーを育てる

本書は、五つの章から構成されています。第1章では、学級リーダーの特徴について考えます。キーワードは「流動的」「多様な自立」「リーダーのかかわり合い」です。また、教師の役割について「整理する」「見る」「任せる」という面から考えます。

第2章では、学級リーダーのタイプを六つに分けて説明した上で、リーダー同士の関係づくりのポイントについて考えます。委員長、副委員長、ミニ先生、指揮者・応援団長、番長、優等生という表現は、学校でのリーダーのイメージに合わせて名付けました。

第3章では、学級リーダーを育成する時の落とし穴について考えます。過去の苦い経験に触れながら、教師として避けるべき発言やかかわりを具体的に紹介します。

第4章は、時期別の学級リーダーの育て方について取り上げます。学校は時期によって重点的な活動が変わります。また、学級の雰囲気や集団の成熟度は刻一刻と変わります。そこで、先を見通して計画的にリーダーを育成するために大切なことについて考えます。

第5章は、場面別の学級リーダーの育て方について、日常と行事に分けて取り上げます。生徒は、運動会や体育大会のような大きな行事だけではなく、休み時間のようなちょっとした瞬間にも成長を見せます。それぞれの場面で「教師がどのように環境を整えて、生徒を見て、リーダーに任せるべきなのか」ということについて考えます。

学級は家にたとえると、一年限定の住まいです。終の棲家ではありません。多様なタイプのリーダーが連携し、失敗を恐れずに学級の「改築」を続けて、よりよい集団へと高めましょう。生徒が住みやすい家を自らの手でつくるために、教師はどのようにかかわるべきか、読者の皆さんと一緒に考えていきたいと思います。

二〇二三年一月

川端　裕介

もくじ

第2章

「学級リーダー」の6つのタイプと関係づくり

リーダー同士の関係づくり

もくじ

第3章 「学級リーダー」育成の落とし穴

第4章 時期別「学級リーダー」の育て方

第5章

場面別「学級リーダー」の育て方

第1章

「学級リーダー」から考える
中学校学級経営

01

「学級リーダー」は流動する

リーダーを広く捉える

学級リーダーについて述べる前に、リーダーとリーダーシップの定義を確認します。本書ではリーダーという言葉について、木村充氏らの定義を基に「目的のために目標を定め、優先順位を決め、基準を定め、課題を克服し、目標の達成に導く人[1]」という意味で用います。**リーダーは、集団の課題解決や目標達成に向けて導く存在**です。

また、「リーダーシップ」については、日向野幹也氏の定義に沿って「何らかの成果を生み出すために、他者に影響を与えることである[2]」という意味で用います。この定義は、具体性に欠ける印象があるかもしれません。しかし、後述するように学級リーダーの姿は多様です。**「学級の成果のために他の生徒に影響を与える」**という広い定義でリーダーシップを捉えることで、リーダーと他の生徒の相互的なかかわりが見えてきます。

学級リーダーは流動的である

学級でのリーダーは、企業など大人の世界のリーダーとは違う特徴があります。その違いは、一言で表せば**流動的に変化するリーダー**であると考えます。学級の中でリーダーが固定されず、状況によって次の三点のようにリーダーが移り変わります。

一点目は、時間による変化です。４月には目立つタイプではなかった生徒が、次第に成長してリーダーシップを発揮することはよくあります。逆に、リーダーとして活躍した生徒が進級すると前に出なくなる場合もあります。必ずしも右肩上がりに成長を見せるわけではないのが、リーダー育成の面白さであり、難しさでもあります。

二点目は、場による変化です。学校行事になるとリーダーシップを発揮する生徒がいます。また、部活動ではキャプテンとして活躍しても、教室では静かに過ごす生徒もいます。学級リーダーが一人に固定されず、活動の内容や人間関係によってリーダーが変化します。

三点目は、リーダーとしての役割の多様性です。二点目ともかかわりますが、学校の教育活動が多岐にわたるため、求められるリーダー像は活動によって変わります。また、学級のメンバーの構成や雰囲気によって、リーダーのイメージや行動の仕方が変わります。

以上のように、学級リーダーは固定的ではなく流動的に変化します。一人の強いリーダーが学級を引っ張るというより、多様なリーダーが支え合う形をイメージしましょう。

生徒たちは複数のリーダーシップを内包する

学級リーダーの様々な側面について、本書では次の六つのタイプに分けて考えています。

「委員長タイプ」…学級の顔として、学級のビジョンや課題解決への道筋を示す
「副委員長タイプ」…他のリーダーの右腕として補佐や調整に努める
「ミニ先生タイプ」…学習で力を発揮し、論理的な発言や協調性のある行動をする
「指揮者・応援団長タイプ」…行事で力を発揮し、他の生徒を巻き込んで一緒に動く
「番長タイプ」…暗躍することもあるが、裏で生徒の信頼を集めて影響力をもつ
「優等生タイプ」…自主的・自律的に判断して、率先垂範となる行動をする

この六つのタイプは固定的な「キャラ」として生徒を分類するものではありません。次のページのグラフのように、一人の生徒の中には、**複数のタイプのリーダーシップが並存**

生徒は多面的なリーダーシップを並存させ、
そのリーダーシップには強弱がある

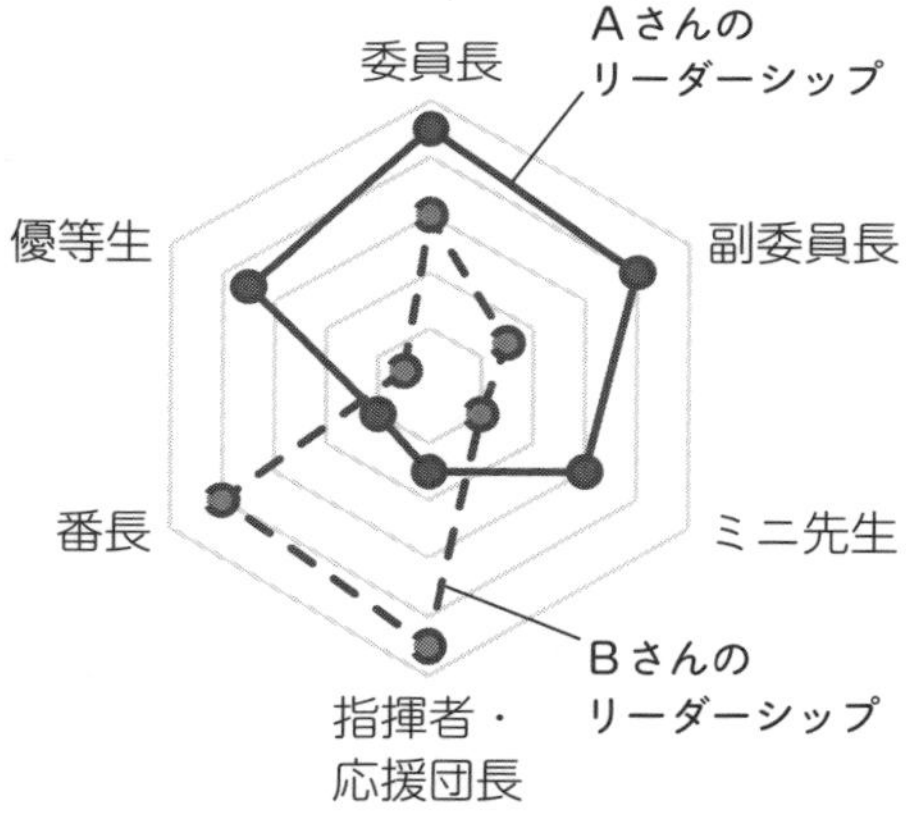

していると考えるべきです。上のAさんの場合は、グラフの「尖った」面である委員長や副委員長としての役割を果たす可能性が高くなります。Bさんの場合、普段は番長役になりつつ、行事では応援団長として学級をまとめる可能性があります。

そして、各タイプの強弱は、場面や時期で伸張したり縮小したりします。大切なのは「この子は委員長タイプ」と決めつけずに、**多面的なリーダーシップを併せもつと理解し、その可能性を引き出す機会をつくる**ことです。

(1) 木村充・舘野泰一・松井彩子・中原淳「大学の経験学習型リーダーシップ教育における学生のリーダーシップ行動尺度の開発と信頼性および妥当性の検討」(『日本教育工学会論文誌』第四三巻)、二〇一九年

(2) 日向野幹也『高校生からのリーダーシップ入門』ちくまプリマー新書、二〇一八年

02

学級リーダーの育成が多様な自立を生みだす

今のリーダーと未来のリーダーを育成する

学級リーダーの役割は、学級の成果のために他の生徒に影響を与えることです。そのようにリーダーの定義を広くとると、一人のリーダーが学級のあらゆる場面ですべての生徒をまとめるというわけではないとわかります。多くの生徒がリーダーとしての役割を果たす可能性があります。もちろん、学級の生徒全員が学級全体のリーダーになるわけではありません。しかし、小グループでのリーダーとして活躍する場面や、将来にリーダーとなる可能性があります。したがって、学級担任としては、**すべての生徒のリーダーシップの芽を摘まずに、丁寧に伸ばす**ことが大切です。

また、学級リーダーには前項で述べたような多様な側面があります。「委員長」タイプの生徒の「ミニ先生」としてのリーダーシップを伸ばすなど、一人のリーダーが秘めた資質・能力を育成することが求められます。学級で現に活躍するリーダーを様々な面で育てながら、将来のリーダーを育てましょう。

他律から自律と自立へ

学級リーダーを育成するための基本的な方向性は、**「他律→自律→自立」**だと考えます。学級の中で、生徒が何らかの行動を起こす場合は、他律と自律と自立には、次のような違いがあると考えます。

他律…判断基準と行動の契機が他者　(例) 担任など他者に指示されてから行動する
自律…判断基準は他者、行動は自己判断　(例) 過去に言われたことに自分で気付く
自立…判断基準と行動が自身　(例) 自分で感じ、考えたことを行動に移す

他律は「言われて行動する」状態です。自律は「言われなくてもする」という状態で、自分で判断して行動しますが、その判断基準は他者が決めたものです。自立の場合は、生徒が自分で決めた基準に沿って判断し、行動します。他律や自律は、他者が決めた枠内に

留まりますが、自立はその枠を超え、自分で新たな基準をつくる状態です。自立のためには、現状の課題や足りない点を発見し、現状を改善したり打破したりする力が必要です。それは、リーダーとして高い視座から集団を捉える経験が役立ちます。したがって、**学級リーダーの育成が生徒の自立する力を伸ばす**ことにつながります。

自立と協働が連動して自治になる

学校では、自立だけが大切なわけではありません。むしろ、集団生活を維持するためには、他律や自律が不可欠です。学級の中で合意がされているルールやマナーを自分勝手な判断で逸脱しては、安心して学校生活を送ることができません。一方で、行動の基準が他律や自律に留まる集団だと、新しく何かを創造する芽が摘まれてしまい、成長の機会が損なわれます。

そこで、生徒に自立を促しながら、学級リーダーを中心に集団としてまとまることが大切です。自立した生徒たちによる協働を目指しましょう。

私は、学級での協働にはコーポレーションとコラボレーションの二つの側面があると考えます。整理すると、次のような違いがあります。

・**コーポレーション**…生徒が足りないところを補って助け合う
・**コラボレーション**…新しいアイデアを創造するために力を掛け合わせて高め合う

コーポレーションは、マイナスをゼロにするための助け合いです。例えば、係活動で発想は独創的でも時間の管理が苦手な生徒と、柔軟な発想は苦手でも計画の立案が得意な生徒が協力できると、活動が円滑に進みます。

一方のコラボレーションは、プラスの価値を生み出すための高め合いです。例えば、合唱コンクールの練習で歌が得意な生徒が手本として歌う様子を動画に撮り、ＰＣの扱いに長けた生徒が編集して Google クラスルームにアップして個別練習に生かすように工夫します。そうすると、それぞれの得意技を生かして学級の合唱の質を上げることができます。

協働を促進するために、学級リーダーは仲間たちの強みと弱点を把握し、生徒同士がつながる機会をつくるようにします。担任は個々の生徒が持ち味を生かして多様な形で自立することと、リーダーによる生徒同士の関係づくりを支援しましょう。**自立と協働が連動して機能することで、自治的な学級へと成長します。**

03

リーダー同士のかかわり合いが成長につながる

リーダーの自己概念には差がある

学級では、一人の生徒が常にリーダーとしてふるまうのではなく、場面や状況に応じて異なる生徒がリーダーとなる方が一般的です。そこで、リーダー同士の関係性が重要になります。リーダーがお互いに牽制や足の引っ張り合いをすると、学級には普段からギスギスとした空気が流れます。学校行事で団結するのも難しくなります。

逆に、**複数のリーダーがお互いを尊重し、持ち味を生かして協働する関係**ができていると、学級には温かい空気が流れます。学校行事では担任が主導しなくても生徒が中心となって準備を進め、学級で立てた目標の達成に向けて、生徒たちが自ら進むようになります。

リーダー同士のかかわり方は、学級経営の柱となります。

学級リーダー同士の良好なかかわりをつくる前提として、リーダーとなる生徒の自己概念には差があることを理解しましょう。心理学者の田中堅一郎氏は、企業におけるリーダーに関する研究を基に、次の三点をリーダーの自己概念として捉えています[3]。

①関係水準…人間関係に配慮し、親しい友人や周囲に気配りする
②集合水準…組織に帰属意識をもち、チームや組織と一体化する
③個人水準…競争を志向し、他者より優れた結果を求める

この三点は、企業に限らず学級リーダーの自己概念にも当てはまると考えます。成熟したリーダーは、関係水準・集合水準・個人水準のどれかの自己概念に偏らず、均衡のとれた状態を保ちます。中学生の場合は、偏りがあって当然かもしれません。

学級リーダーが他のリーダーとかかわる時には、**それぞれのリーダーがこれらの自己概念のどの面を強く認識しているかという点に着目する**ことが大切です。例えば、関係水準が強すぎると、仲のよい特定の生徒とはかかわるものの、他の生徒とのかかわりは消極的になる場合があります。また、個人水準が強い生徒だと、過度な競争意識から反目するおそれがあります。担任としては、かかわるリーダーの組み合わせとかかわる内容を吟味し

て、リーダーの助け合いや高め合いを促進しましょう。

かかわりに大切な三つの力を意識する

助け合いや高め合いのあるかかわりをするためには、円滑なコミュニケーションが前提となります。リーダーの生徒は、次の三つの点を意識することが大切だと考えます。

- **伝える力**…他者の聞く姿勢を整え、他者に情報を正確に伝える力
- **聞く力**…自身の聞く姿勢を整え、他者から情報を正確に受け取る力
- **共感する力**…他者の考えや感情に共感すると同時に、自身の考えや感情を他者に共感してもらう力

これらの力は、リーダーシップと重なる部分があります。相手に合わせて、コミュニケーションの方法（言葉か文字か）と話の展開（論理優先か感情に訴えること優先か）を変えましょう。また、リーダー同士の場合は双方向での意見のやりとりが多くなります。土台としての共感する力を育みながら、伝える力と聞く力をバランスよく伸ばしましょう。

かかわりからつながりをつくる

リーダー同士のかかわりが始まったら、次はつながりをつくることを目指します。かかわりはその場限りになる場合がありますが、つながりが一度できると、断ち切らない限りは消えません。つながりには、**「撚り合わせる」つながり**と、**「編む」つながり**があります。

撚り合わせるつながりとは、リーダーの持ち味を組み合わせてリーダーシップを高めることです。糸を編んで縄にし、縄を編んで綱にするように、**頼もしいリーダー**となります。

編むつながりとは、リーダーシップを発揮する場面や内容、相手を広げて、多くの生徒を活動に巻き込む状態です。**編み物のように形を変えながら多様なつながりを生みます。**

つながりをつくるためには、つながる必要性を実感することが大切です。リーダーが目標と課題を共有し、力を合わせることで解決する経験がつながりを生みます。担任は、潤滑油や接着剤として、リーダー同士がつながるきっかけをつくりましょう。リーダー同士が対話に慣れない内は同席し、慣れたら遠くから見守ります。

（３）田中堅一郎『自己概念から考えるリーダーシップ　リーダーの多面的自己概念と発達に関する心理学的研究』風間書房、二〇二一年

04

学級リーダーを育てる教師の役割① 整理する

リーダーが育つ場を整える

学級リーダーを育てるための教師の主な役割は、「整理する」「見る」「任せる」の三つだと考えます。まずは、整理することについて説明します。「整理する」とは、場を整えることと、教師によるリーダーの支え方を整えることの二つを意味します。

場を整えるとは、リーダーが育つように土台をつくることです。まずは、生徒が持ち味を出せるような温かい学級の雰囲気づくりや、生徒が相互に関係構築を図る機会の積極的な設定、リーダーシップを発揮できるシステムの構築などを進めましょう。

特に、学級の支持的風土は重要です。生徒の意見を承認し、柔軟な発想を喜びましょう。また、生徒が対話の末に行動を選択する機会を保障し、尊重しましょう。**教師が余裕をもっておだやかな姿勢を貫くことで、生徒の工夫と創造を促す余白をつくりましょう。**

リーダーの意図を整理して支える

若松俊介氏は、授業や学級経営における子どもの支え方の技術を分析し、その技術の一つに子どもの考えをつなぐことを挙げています。そして、考えをつなぐためは、個々の考えを全体の流れの中に「整理」して位置付けることが重要であると指摘しています。[4] リーダーの育成では、リーダーの発言や行動の意図を理解し、**他の生徒が納得できるように整理してつなぐ**ことが大切です。また、つなぐ際には、次のような距離感を使い分けます。

> リーダーを上から引き上げる／下から支える／斜め上から独創的なアイデアを示す／前から引っ張る／後ろから押す／横で歩調を合わせる／陰から見守る

これらの方法は一例です。支える内容や生徒と教員の関係性、学級の状況に応じて、支え方を変えましょう。

(4) 若松俊介『教師のための「支え方」の技術』明治図書出版、二〇二二年

05

学級リーダーを育てる教師の役割② 見る

見ることから見取ることへ

学級リーダーを育てるためには、リーダーの考えや行動を教師が的確に評価する必要があります。生徒の様子を漫然と眺めるのではなく、**評価をするために基準を設けて意図的に見取る**ことが大切です。教師としてのまなざしを「見る」から「見取る」へ高めましょう。学級リーダーを見取るポイントは、次の二点です。

- **リーダーとしての働きかけの内容を見取る**…事前の準備や発言、行動
- **リーダーの働きかけの影響を見取る**…他者が受けた影響や目標に対する成果

一点目は、リーダーの側に注目し、リーダーシップを発揮する過程を見取ります。二点

目は、リーダー以外の生徒に注目し、リーダーシップを発揮した結果を見取ります。その見取りの結果について、「私には～のように見えたけれど、○○さん自身はどう感じたかな？」などと、学級リーダーと対話しながら振り返りと評価をしましょう。

見えないことに注目する

見取るつもりでリーダーの様子を見ていても、うまくいかないことがあります。その原因には、見取る基準のあいまいさや、教師の先入観が邪魔をしている可能性が考えられます。生徒の見えていない面がないか、教師としての目を自ら疑うことも時には必要です。

生徒のリーダーシップを可視化する方法として、一つは複数の目で見ることが効果的です。生徒同士の評価や、他の教職員の評価を聞くことなどが考えられます。

可視化するもう一つの方法として、**発揮されていないリーダーのタイプに注目する**と、見取りと評価を具体化できます（個々のタイプについては後述します）。例えば、番長タイプのリーダーが、実は仲間内では副委員長タイプのリーダーの姿を見せて、仲間内では調整力を発揮している場合があります。教師の先入観で学級リーダーの芽を摘まないように気を付けて、複数の基準を設けて柔軟な視点で生徒を見るようにしましょう。

06

学級リーダーを育てる教師の役割③　任せる

「放任」と「任せる」ことの違いを明確にする

生徒がリーダーとして動いている時には、教師はリーダーに任せることが基本です。ただし、任せるのと放任は違います。私は、任せる時に次の五つの原則を意識しています。

①リーダーに任せても担任の責任までは負わせない
②リーダーと目標や手立て、達成への道筋について共通理解を図る
③リーダーの気持ちを汲んで先手を打って準備をする
④積極的な待ちの姿勢でリーダーの動きに対して的確に反応する
⑤状況に応じてリーダーに任せる内容を柔軟に変える

一点目は、任せる際のＮＧ事項です。学級リーダーは担任の代わりにはなりません。教師という立場には、否応なしに権力性が伴います。いくらリーダーシップをもっていても、生徒が教師と同等の責任をもつことはできません。**リーダーに対して「あなたに任せるけれど、最終的な責任は私がもつよ」という姿勢を示すことが生徒の安心につながります。**

任せても時間と場は共有する

リーダーに任せるための五つの原則の内、二つ目は**教師と生徒の共通理解**です。特に、目標と達成に向けた方策をリーダーとなる生徒が理解できていると、教師の力に頼らずに、自己評価しながら行動を改善できます。

三つ目は、リーダーとなる生徒の気持ちを察して、先手を打った対策をとることです。武道には「先々《せんせん》の先《せん》」という言葉があります。相手の様子の変化を察して、相手が動く前に先手を打つことです。リーダー育成では、**リーダーが動きやすいように、事前の準備を丁寧に行う**ことを意味します。学級経営を家づくりにたとえるならば、担任が土壌としての学級の地盤を改良し、家の土台となる基礎を固めておきます。その上で、リーダーの願いを汲み取りながら、一緒に住宅の設計図を書き、必要な材料を準備します。リーダーが活躍しやすい学級の雰囲気をつくり、事前の打ち合わせと準備を綿密に行いましょう。

四つ目は、積極的な「待ち」の姿勢を貫いて、リーダーの行動と影響に合わせて教師が手助けをすることです。武道で言う「後《ご》の先《せん》」のように**感覚を研ぎ澄ませて、最適なタイミングで反応する**ことを心がけます。特に、リーダーが失敗やつまずきと感じている様子が見えたら、すぐにフォローした上で一緒に振り返りを行って対策を練りましょう。

最後の五つ目の原則は、**任せる範囲を柔軟に変える**ことです。リーダーが力を発揮するためには、徐々に任せることを増やすのが基本です。しかし、個々の生徒のリーダーシップは、右肩上がりで伸びるものではありません。学級の雰囲気についても、リーダーが活躍しやすい時期や場面もあれば、停滞や後退を感じることもあります。絶えず変化する学級の様子を見ながら、リーダーに任せる内容や方法を変えていきましょう。

生徒に任せるのは手間と時間がかかり、忙しくて大変なものです。その大変さを乗り越えて学級リーダーが成長すると、学級が自治的で民主主義的な性格を濃くしていきます。**担任として、覚悟と緻密な備えをした上でリーダーに学級を任せ、時間と場を共有しながら、生徒と一緒に学級をつくりましょう。**そうすると、生徒は学級への所属感と自己有用感を高め、「リーダーは大変だけど楽しい」という実感をもてるようになります。

第２章

「学級リーダー」の６つのタイプと関係づくり

TYPE 01

日常でビジョンを示す
委員長タイプ

「小さな担任」ではなく「学級の顔」にする

委員長タイプとは、学級委員のような**公的なリーダーの役割を務める**生徒を指します。実際の教室では、学級委員だけではなく、生徒会の役員や部活動の主将が委員長タイプのリーダーシップを発揮する場合があります。

それでは、委員長の役割とは何でしょうか？ 漫画やアニメで登場する委員長キャラであれば、担任に代わって心配な生徒に声をかけたり、学校のルールを逸脱した生徒を注意したりするイメージがあります。「小さな担任」としてふるまい、真面目で嫌われ役を引き受けるようなリーダーと言えます。

しかし、私は委員長タイプのリーダーに「小さな担任」としての役割を求めません。代わりに求めるのは**「学級の顔」**としての役割です。生徒の代表として、学級の将来のビジョンを普段から示し、自治的な活動を先頭に立って進めるようにします。委員長型のリーダーシップを育てるために、私は次の二点を大切にしています。

・対等な関係を意識して、権力ではなく、権利を発揮する機会を保障する
・個人的な打算を超えて、学級全体の利益を求める「目」と「手」を育てる

担任の分身や、学級の権力者として生徒を育てるわけでもありません。生徒の代表として、担任と協働しながら学級を支える柱として育てます。詳しくは、次項で説明します。

決める権限を託して権利を保障する

委員長型のリーダーシップを育てるためには、**自治的な活動につながる権利を最大限に保障する**ようにします。例えば、国会の召集を内閣が決めるように、学級会の開催時期や議題を委員長が決める仕組みをつくります。また、班長会のような小グループのリーダーを集めたミーティングを定期的に開き、進行を委員長タイプのリーダーに任せます。

教師の接し方としては、**自治的活動を進める上で、立場は違っても委員長タイプのリーダーと教師が対等**であるという姿勢を貫きます。民主的なリーダーとして育てましょう。

逆に、教師の負担を減らすために、委員長タイプの生徒を利用してはいけません。例えば、他の生徒の生活態度を注意したり、支援の必要な生徒のケアを引き受けさせたりするようなことは避けましょう。全体の動きに関する仕事は託しますが、個別の生徒の対応に責任を負わせるようなことはしません。そのような「重たい」仕事は教師の役割です。教師の分身のような委員長は、学級の分断を生み、リーダーを苦しめることになってしまいます。学級の分断ではなく、協働のためのリーダーシップを育てましょう。

個人的な打算から全体の利益へ

生徒の中には、打算的な理由で委員長や生徒会役員などの肩書を求める場合があります。名誉への欲や、進学に有利になるという思い込みがある場合などです。「そんな邪《よこしま》な気持ちでリーダーになるなんて…」と感じることもあるでしょう。しかし、学級のリーダーを務めることは大変な負担です。その負担に見合う利益を求めようとするのは自然なことであるとも言えます。私は、リーダーを目指そうと思った動機が利己的でも利他的でも構わないと考えます。大切なのは、**リーダーとして学校生活を送る中で、高い視座から学級全体を見つめ、仲間を引っ張るための行動ができるように鍛える**ことです。

委員長タイプのリーダーを鍛えるには、対話を重ね、担任として見えている部分と、生徒のリーダーとして見えている部分を交流することが大切です。その上で、どのような方向に学級を変えていきたいかという将来像をすり合わせます。いわゆるビジョンの共有です。学級全体という広い視野で、未来の望ましい姿を語り合うことで、生徒はリーダーにふさわしい「目」を鍛えていきます。

その上で、学級会の進め方や他の生徒の動かし方などの方法について考える機会を設けます。班長と相談して工夫を考えさせたり、時には担任としての技を伝授したりするのもよいでしょう。リーダーとしての「手」を鍛えます。対話を基本にしながら、リーダーとしての視野・視座・視点や、仲間を動かす技を育てましょう。

POINT

委員長タイプのリーダーは、担任の分身ではなく、生徒の代表として学級の顔になるように育てます。先を見通して仲間を動かす意識をもたせ、経験を積ませましょう。

TYPE 02

右腕となる
副委員長タイプ

調整に長けたサブリーダーとなる

副委員長タイプとは、他のリーダーを補佐するようなリーダーです。サブリーダーとなる場面が多くなりますが、いつも一歩下がっているわけではなく、他のリーダーが困っている場面では、代わりに前面に立ってリーダーシップを発揮します。副委員長タイプのリーダーにとって重要なのは、次のように**最適な形を目指して調整する力**だと考えます。

- 目標達成に向けて、手立てを最適な形で調整する力
- 目標達成に向けて、生徒同士の関係づくりを調整する力

一点目は、目標達成に向けて、行動などの方策を調整する力です。まず、現在進めている方策の進捗状況を分析します。正確な分析のために全体を俯瞰する力を育てます。その上で、方策が順調と判断したら促進し、行き詰まっていると判断したら修正を図ります。修正するためには、別の方法を探す情報収集力や、方策を変える柔軟性が大切です。調整を図る際に、別のリーダー（委員長タイプなど）が決めた内容を変えることがあります。教師の役割としては、副委員長タイプのリーダーが他の生徒に「物を申せる」ようにすることが大切です。学級として、常に「もっとよい方法」を探るのが当たり前という雰囲気を育てましょう。また、生徒同士のコミュニケーションの場を増やし、活動の中間評価の場面を設定します。

副委員長タイプのリーダーには、「従う」という意味のフォローではなく、**「補う」という意味でのフォロー**をする役割があります。**カバーやアシスト**と言い換えた方がよいかもしれません。他者とつながることで、副委員長タイプのリーダーは真価を発揮します。

生徒同士の関係づくりを構想して実行する

二点目に、副委員長タイプのリーダーには関係性の調整を図る力が大切です。関係性の調整とは、具体的には次のような内容です。

- **適材適所の関係を構想する**…最適なチームのメンバーの編成を考える
- **新たな関係を構築する**…つながりの弱い生徒同士をつなげる
- **関係を意図的に弱める**…つながりが強すぎる関係の生徒同士の距離を空ける

キャリア開発の専門家であるエドガー・H・シャイン氏は、課題が複雑化する現代では一人のリーダーに任せることは不可能であり、親密な関係をベースにした「謙虚なリーダーシップ」が求められると論じています[1]。副委員長タイプのリーダーには、謙虚なリーダーシップを発揮し、親密な関係づくりを進める役割があります。関係の薄い生徒の間に立って、コミュニケーションを促進するような**「つなげるリーダーシップ」**を発揮します。

ただし、特定の生徒同士があらゆる場面で一緒に行動するような「べったり」した関係だと、他の生徒を交えたチームでの行動に差し障りが生じる場合があります。その際には、思い切って「べったり」な生徒同士を離すことも必要になります。目標達成のために最適な人間関係を模索して、基本は温かく、時にはズバッと生徒間の関係づくりを行います。

上機嫌にふるまう

教職についていると、教師が生徒の前で上機嫌にふるまうことが、生徒によい影響を与えるという実感があります。経験則ですが、副委員長タイプのリーダーとして活躍する生徒の多くが、この「上機嫌さ」をもっているように思います。笑顔がコミュニケーションの潤滑油となり、調整のための対話がはかどります。

最近の生徒は、表情を意識しながら話すことが特に巧みです。**調整の内容だけではなく、柔らかい表情や相手を尊重する姿勢を含めて「調整する力」と捉え、その姿勢を担任として積極的に評価しましょう。**

POINT

副委員長タイプのリーダーは、調整が必要な場面で力を発揮します。最適な形で調整できるように、方法に加えて、他者とかかわる時の姿勢を磨きましょう。

(1) エドガー・H・シャイン、ピーター・A・シャイン『謙虚なリーダーシップ―1人のリーダーに依存しない組織をつくる』英治出版、二〇二〇年

TYPE 03

学習で力を発揮する
ミニ先生タイプ

見捨てずに粘り強く伝える

ミニ先生タイプのリーダーは、毎時間の授業でリーダーシップを発揮する生徒です。ミニ先生といっても、いわゆる「ミニ先生制度（問題を早く解いた生徒が他の生徒に解き方を教える）」だけで活躍するわけではありません。**学習面のリーダー全般を指します。**

河村茂雄氏は、教育力のある学級集団の条件の一つに、子ども同士で意欲を喚起し合っていることを挙げています[2]。学習面でのリーダーの存在は、どの校種でも重要です。特に中学校の場合は教科担任制のため、教科によって授業のスタイルや雰囲気が大きく変わります。だからこそ、学習面でのリーダーを育てると、どの教科でも生徒が受け身にならずに協力しながら学ぶことができます。

学校で一番長く時間を割くのは授業であるため、授業で発揮したリーダーシップは、他の場面でもよい影響を与えます。ミニ先生タイプのリーダーに特に育みたい資質・能力は次の三点ですが、いずれも学習面に留まらない内容です。

- **粘り強さ**…安易に妥協せずに試行錯誤する
- **多様な方法で伝える力**…相手に合わせて論を展開する
- **仲間を見捨てない姿勢**…仲のよさを超えてかかわろうとする

一点目は、粘り強さです。**難しい課題を投げ出さずに試行錯誤する**態度です。一筋縄ではいかない状況に直面した時の粘り強さが、他の生徒を勇気づけるはずです。

二点目は、多様な方法を使って**考えを論理的に伝える**力です。ワンパターンの堅苦しい説明では、聞く側の生徒に伝わらないことがあります。そこで、相手に合わせて具体例を出したり、何かにたとえたりするなどの工夫する力も必要です。

三点目は、学級のメンバーを**仲間として尊重して見捨てない**姿勢です。『学び合い』の提唱者である西川純氏は、「一人も見捨てない」ことが生徒の幸せになると論じています。[3]

『学び合い』の導入の有無にかかわらず、見捨てない姿勢を大切にします。ミニ先生タイプの生徒は、小グループのリーダーを務める機会が多くなります。そこで、仲のよい生徒で固まるのではなく、普段の人間関係を超えて、どの生徒にもかかわることが大切です。仲のよさに関係なくリーダーとしてかかわるためには、「この内容について、自分はわかっている」という**「小さな専門家」としての自信**が大切です。教師としては、生徒の理解度を正確に把握した上で、頭の中で理解したことを的確に表現する力を認めて評価することで、ミニ先生タイプのリーダーシップを伸ばすようにしましょう。

在来工法より3Dプリンターの家づくりで持ち味を生かす

ミニ先生タイプのリーダーは、係活動や学校行事など学習以外の場面でも活躍する力を秘めています。その力を引き出すためには、学習で答えが一つではない問いについて考える時のように、自由な発想を大切にしましょう。ミニ先生タイプのリーダーは、簡単な問題を素早く解くだけではなく、難しい問いを投げ出さずに攻略法を考える力があります。学級の課題の多くは、答えが複数あるか、答えの見えないものです。リーダーが自由に考えることができるように、教師は焦らずにどっしりと構えましょう。

学級を家にたとえるなら、担任は基礎を整備する役目を果たします。その上に学級リーダーが家を建てます。委員長や副委員長タイプのリーダーは、柱を立てて梁を渡して壁と屋根を作るような在来工法の家づくり（活動）で力を発揮します。委員長タイプのリーダーが大工の棟梁のように様々な人を動かし、副委員長タイプが住宅メーカーの担当者のように調整を図ります。

それに対してミニ先生タイプは、近年注目される3Dプリンターによる家づくりのような場面で力を出します。**新しい課題に対して従来にはない発想や技が求められる上に、少ない人数で取り組む活動です。**その時こそ、ミニ先生タイプの専門性や粘り強さを生かしましょう。

POINT

ミニ先生タイプのリーダーは粘り強さや説明する力、どんな生徒も助けようとする態度をもっています。学習以外の場面でも、その力を発揮できるようにしましょう。

（2）河村茂雄『授業づくりのゼロ段階　Q―U式授業づくり入門』図書文化社、二〇一〇年
（3）西川純『クラスと学校が幸せになる『学び合い』入門　会話形式でわかる『学び合い』テクニック』明治図書出版、二〇一四年

TYPE 04

行事で力を発揮する
指揮者・応援団長タイプ

行事ではキャンプのテントのような学級をつくる

指揮者・応援団長タイプのリーダーとは、体育大会（運動会）の応援団長や合唱コンクールの指揮者など、学級単位で臨む行事で中心となる生徒です。他のリーダーとの違いとして、短い期間で高い成果を求められる点が挙げられます。学級を家にたとえるなら、指揮者・応援団長タイプのリーダーは、自分たちの家を建てるというより、キャンプでテントを張るイメージです。**特別な場所で短いけれど濃密な時間を過ごし、心に強い印象を残す**からです。担任として、生徒が学校行事ならではの貴重な経験を積めるようにしましょう。

このタイプのリーダーを育てる時には、限られた時間を逆手に取って、勢いに乗って周囲の生徒を巻き込む力を伸ばすようにします。巻き込む力を伸ばすために、特に次の三点を意識してリーダーを育てましょう。

・部活的な目標ではなく特活的な目標を設定し、学校行事の意義の共通理解を図る
・「つらいけど楽しい」や「面倒くさいけど楽しい」と思えるようにする
・リーダーの荒さを生かして勢いをつけ、粗さを生かして仲間の力を借りる

一点目は、勝敗最優先の部活的な目標よりも、**特活的な目標**を設定することです。生徒が行事に意味を見出すことで、協力が進みます。その目標を考える時に、指揮者・応援団長タイプのリーダーにまとめ役を任せます。詳細は第5章の「行事場面」で説明します。

二点目は、楽しさの質を上げることです。学校行事では、ヘラヘラと手を抜いて得られるのは、質の低い楽しさです。そうではなく、**努力した者だけが得られる質の高い楽しさ**を目指します。そこで、指揮者・応援団長タイプのリーダーには、キャンプのように、面倒くささや不便さの先の楽しさへ、他の生徒を導く役割があります。行事が好きで目立ちたがりの面があることを生かして、全体のために行動を促します。教師のかかわりとして

は、一緒に面白がって「よい盛り上げ役」を演じることが大切です。また、教師との打ち合わせや振り返りは他の生徒がいない場で行うようにして、**リーダーを前面に出すことで見せ場をつくりましょう。**

三点目は、リーダーの「荒さ」と「粗さ」を生かすことです。「荒さ」とは、リーダーのもつ勢いです。まずは協力的な姿勢の生徒を味方につけて巻き込みます。さらに、巻き込んだ生徒の人間関係を生かして他の生徒との距離を縮め、前向きな雰囲気を学級に広げましょう。もちろん、強引だと信頼を失うので、仲間にかける期待を丁寧に伝えます。

また、リーダーに「粗さ」があって人間らしい隙を感じると、他の生徒が助けやすくなります。ただし、粗さを残したままだと失敗につながる危険もあります。そこで、教師が他の生徒にフォローを任せるように促し、生徒が**お互いに助け合う関係**をつくりましょう。

行事で増やした信頼残高を生かす

学級行事の後には、「今回の経験を、これからの学校生活に生かす」という言葉を常套句のように耳にします。ただ、実際は普段の学校生活への具体的なつなげ方をイメージできていない場合があります。この言葉を現実にものにするためには、指揮者・応援団長タイプのリーダーの働きが期待されます。

『７つの習慣』で有名なスティーブン・Ｒ・コヴィー氏は、「信頼残高」が高いことでＷｉｎ－Ｗｉｎの関係が維持され、解決しようとする課題に集中できると論じています[4]。学校行事では、生徒同士の信頼残高が大きく増えます。培った信頼を基に、「あの時できたから、今度もできる」と成功体験を生かしましょう。逆に、行事で満足や納得が足りないことがあれば、「あの時はうまくいかなかったから、今度こそ成功させよう」と経験を生かして語りかけると、他の生徒を鼓舞することができます。

行事に関する思い出は、練習期間を含めて学級の多くの生徒が忘れない共通体験となっています。「期間限定の太く短いリーダーシップ」で終わらせず、行事の経験を生かして、**リーダーとして活躍する時期を長く延ばし、活躍する場面を広げる**ようにしましょう。

POINT

指揮者・応援団長タイプのリーダーが学校行事のように特別な場面で力を発揮するために、教師は裏方に徹しながら、他の生徒に前向きなエネルギーを伝播させます。

(4) スティーブン・Ｒ・コヴィー『７つの習慣』キングベアー出版、一九九六年

TYPE 05

裏で信頼を集める
番長タイプ

廃墟のたまり場を秘密基地にする

「番長」タイプとは、**裏で仕切る私的なリーダー**の性格をもちます。「番長」と言っても、見た目は他の生徒と変わりません。ただ、学級の陰の実力者として生徒から一目置かれ、大きな影響力をもちます。場合によっては、委員長タイプのリーダーが裏では番長のようにふるまっていることもあります。

学級担任をしていると、かかわり方に悩むタイプのリーダーかもしれません。教師側がムキになって番長タイプのリーダーと学級の主導権の奪い合いを始めようものなら、学級は一気に不安定になります。ボタンを掛け違えると、学級崩壊や「荒れ」を扇動する危険があります。教室を廃墟のたまり場のように変えるほどの力をもっています。

逆に、他のリーダー同士との関係が良好になると、学級を力強く支える頼もしいリーダーになります。また、番長タイプのリーダーは横のつながりを大切にする傾向があるので、協力体制が整えられると、生徒同士の連帯感が強くなる効果があります。

番長タイプのリーダーは、**大人の目の離れたところで、ユニークな発想を生かして仲間の居場所をつくります。はらっぱに秘密基地をつくって楽しむような力です。**また、仲間がピンチの時には、どんなに強い相手でも立ち向かう勇気をもつリーダーでもあります。教室を廃墟ではなく秘密基地のようにするために、番長タイプのリーダーシップを学級のためになる方向へ伸ばしましょう。

最適な距離感を探る

番長タイプのリーダーシップを育てるポイントは、最適な距離感です。教師が秘密基地にズカズカと入り込まずに、秘密基地づくりをさりげなく手助けしましょう。

番長タイプのリーダーは、周囲の仲間から認められることでリーダーとなるため、大人を必要としません。周囲から「大人に媚びている」と思われることを嫌がり、教師と距離をとろうとします。そこで、次のような工夫をして、他の教師や生徒と関係をつくります。

・**生徒の世界にそっと入る**…「わかっているけど」に共感する
・**ピンチを伝えて力を借りる**…大人の理屈よりも仲間としての情に訴える
・**発想と行動力を認める**…正直な感情を、さりげない方法で伝える

一点目は、生徒の価値観に共感することです。番長タイプのリーダーはトラブルメーカでもあります。トラブルに直接かかわる他に、仲裁を意図して介入する、裏で糸を引くなど、様々なケースが想定されます。話を聞く際に、まずは生徒の主張を受け止めます。理屈が通っていない場合があるので、「つまり、～ということ?」などと内容を整理しながら聞きます。その上で、「どんな気持ちで言った(行動した)の?」「本当はどうしたかったの?」など、感情に焦点を当てて問いかけます。そうすると、生徒は「だって」「でも」「わかっているけど」などの言葉の後に、本音を言う場合があります。このような対話の積み重ねが「この先生は相手をしてくれる。わかってくれる」という信頼を生みます。番長タイプのリーダーとの距離感を詰めるときには、**相手の世界に入っていく**ことが大切です。

二点目は、学級の課題に直面した時に、番長タイプのリーダーに協力を求めます。漫画

でよくある、共通の敵や新たな敵の前に協力する場面のイメージです。共通の敵は、生徒個人ではなく学級の課題です。学級のピンチであることを訴え、理詰めで説得するのではなく、「助けてくれ！　力が必要だ！」という気持ちを前面に出します。「仕方がないなあ」と感じて、**番長タイプのリーダーが裏から表に出てくる場面をつくります。**

三点目に、リーダーが教師の陰で行っていることについて、アイデアや行動力を評価します。ただし、番長タイプのリーダーは面と向かってほめることを嫌がる場合があります。そこで、他の生徒を介してほめたり、誰の行動かを明言せずに紹介したりします。学級通信を使った保護者向けの発信も効果的です。「あなたの行動を見ているよ」というメッセージを発して問題行動を抑制しつつ、他の生徒へよい影響を与えている面を認めます。

担任としては、**番長タイプのリーダーと少し離れているようで、実はしっかりとつながっている関係をつくりましょう。**任せ方を工夫することで、頼もしく成長します。

POINT

番長タイプのリーダーに対して教師が上に立とうとせず、少し離れた斜め後ろの距離をとって、立場を尊重しながら丁寧につながりをつくりましょう。

TYPE 06

行動の模範となる 優等生タイプ

自分を律する強さの源泉を引き出す

「優等生」タイプとは、**公正や公平を重んじ、自らの行動で他の生徒に影響を与える**リーダーです。学級を家にたとえると、優等生タイプのリーダーシップが発揮される学級は、**鉄筋コンクリートの住宅のように頑丈**になります。安定感があり、多少の問題では揺るぎません。その一方で、規律を重視しすぎて、学級の中で常に緊張感が漂い、温かみに欠ける雰囲気になってしまう心配があります。また、大きな問題が生じると人間関係に亀裂が入り、一気に崩壊する危険性もあります。そのような問題が生じると、優等生タイプのリーダーは、真面目に努力することをからかわれて、生徒の中で孤立する心配があります。

優等生タイプのリーダーの影響力を生かすために、リーダーの行動の背景にある思いを学級全体で共有するようにします。また、リーダーに対しては、持ち味である率先垂範できる力を伸ばします。具体的には、次の三点のかかわりを大事にしましょう。

- **不言実行の評価**…リーダーの行動を取り上げて、意味を価値づける
- **継続性の評価**…どんな時でも歩みを止めない
- **行動の選択と集中**…あらゆる場面での模範的な行動を求めない

一点目は、リーダーの**行動の意味を他の生徒と一緒に考える場をつくる**ことです。優等生タイプのリーダーは、不言実行で模範的な行動をしたり、他の生徒に思う所があっても口に出さずに黙々と働いたりします。そこで、教師が「〇〇さんの～する行動は、学級に大きな影響を与えているけど、それがどんなものか気付いているかな？」などと問います。もしも、やっかむような雰囲気がある場合は、学級通信などを使って紹介します。他の生徒が行動の価値を考えるきっかけをつくり、模範的行動をゆっくりと学級に浸透させます。また、リーダー自身に行動の価値を問うと、影響力を自覚できるようになります。

二点目は、学級の状況に左右されずに、模範的な行動を続けていることを評価します。

一度の善行は、難しいことではありません。**信念をもって行動しつづける強さを教師が理解して認めます。**学級がリーダーに助けられていることを言葉で伝えて、リーダーが自信をもって行動を継続できる雰囲気をつくります。

三点目は、模範とする行動は限定することです。優等生であることが重荷に感じる場合があります。そこで、絶対に無理はさせないようにします。その生徒が一番得意なことや、習慣化できている行動に焦点を当てるようにしましょう。そして、**行動の輪を広げて複数の優等生タイプのリーダーを育てます。そうすることで、一人にかかる負担を軽減します。**これは、優等生タイプのリーダーの心が折れないようにするために大切なかかわり方です。

無理をして「ヒビ」が入っていないか見守る

優等生タイプのリーダーは、ぶれない姿勢を生かして学級の雰囲気を変える力があります。しかし、ぶれないように見えているだけで、本人は悩んでいることがあります。弱さを抱えているからこそ、「優等生」という鎧を着ているのかもしれません。その重さにつぶれないように、愚痴を言い合える人間関係づくりや息抜きのできる時間を大事にします。

なお、担任が無理をしていないか尋ねても、生徒は「大丈夫です」と返す場合があります。「みんなの前で弱みは見せられない」「先生に甘えるわけにはいかない」という思いが本音を隠してしまいます。私の場合は、休み時間に優等生タイプのリーダーが親しい友人と話している時の様子を見るようにします。鎧を脱ぎ捨てることができる相手の前で、本音を見せることがあるからです。サインを捉えるために、アンテナを高くしましょう。

鉄筋コンクリートの住宅は、木造よりも外気の影響を受ける欠点があります。優等生タイプのリーダーも、学級の「空気」を気にしていないようで、実は他者の目を気にしていることがあります。無理をして「ヒビ」が生じないような配慮が必要です。

特に、教師のほめ方が雑だと、生徒の関係に亀裂が生じてリーダーが孤立する危険があります。**リーダーの行動に共感して付いていくようなフォロワーを増やしましょう。**また、担任の過度の期待は生徒の重荷となり、「ヒビ」をひどくするだけです。担任として、現在リーダーができていることを十分に認め、自信をもって継続できるように支えましょう。

POINT

リーダーの孤立を防ぎ、リーダーに続く仲間を増やすために、模範的な行動が学級に与える影響について学級で考える機会をつくり、賛同者を増やしましょう。

CASE 01

委員長タイプ ✕ 副委員長タイプ

強みを生かしてカバーし合う

得意な分野で輝けるように横の関係をつくる

委員長タイプと副委員長タイプのリーダーは、実質的なつながりが弱いことがあります。例えば、学級代表を選出する場合、「男女各一名」などの規定が残っていると、普段はあまり会話しないような男女二人が、委員長と副委員長として学級をリードする役目を背負う場合が出てきます。逆に、友人同士であっても、リーダーとしての仕事の話に慣れているわけではないので、協力関係を築けない場合があります。

そこで、委員長タイプの生徒と副委員長タイプの生徒が、仕事を通して対等な立場で協力する関係をつくります。ポイントは、**得意分野を生かす**ことです。例えば、人前に立って話すのが上手な生徒もいれば、全体の場で話すのが苦手でも個々にコミュニケーションを図るのが得意な生徒もいます。また、柔軟な発想が得意な生徒もいれば、理路整然と主張を組み立てるのが得意な生徒もいます。委員長と副委員長についても、肩書きとは関係なく、個々の生徒の得意な分野があります。そこで、**お互いの強みを生かして、リーダー同士がフォローし合う**ようにしましょう。委員長と副委員長が二人で一つの学級代表になるイメージです。強みを生かして、リーダーシップの相乗効果を発揮できるようにします。

関係の固定化と序列化を避ける

委員長タイプと副委員長タイプの関係づくりの注意点は、固定化と序列化を避けることです。上司と部下のような上下関係や、委員長が一番で副委員長は一歩下がるような関係だと、柔軟な対応ができなくなります。特に、副委員長が「私は『副』だから…」と遠慮すると、持ち味が生かされません。

イメージとしては、**野球のピッチャーとキャッチャーではなく、バドミントンのダブルスのような関係**を目指します。役割を交代しながら、お互いをカバーし、チャンスで得意技を繰り出すようなイメージです。さらに、可能であれば委員長と副委員長の二人に限らず、議長団や総務班と連携し、バレーボールのチームのような協力関係をつくりましょう。

二人のリーダーに対する教師の役割は、一歩下がって後ろから支えることです。ビジョンを共有しながら、リーダーの願いや悩みを聞き、解決策を一緒になって考えましょう。

CASE 02

リーダーのネットワークを構築する

多角的にリーダーシップを発揮する

委員長タイプとミニ先生タイプでは、リーダーとしての視点が違います。委員長タイプは、学級の顔として他の生徒より高い視座から全体を見る経験が豊富です。ミニ先生タイプは、他の生徒と同じ視座で、近くから様子を見ることが得意です。また、委員長タイプは学級の団結力など関係性に目が向くことが多くなります。一方のミニ先生タイプは、学習面や学習規律の他、個々の生徒の状況をよく見ています。

これらの**視点の違いを生かして多角的に学級を捉える**と、課題や成長に気付くことができます。例えば、委員長タイプの掲げるビジョンを共有するために、ミニ先生タイプのリーダーが、ビジョンを理解していない様子の生徒に声をかける方法などが考えられます。

リーダーシップがあるとは言え、一人で見えるものには限界があります。また、見えているものだけが正解とは限りません。複数の視点を生かして学級を多角的に捉えましょう。

ネットワークで情報や意見の拡散と集約を促進する

　ミニ先生タイプのリーダーが学級に複数いる場合は、委員長タイプのリーダーと協力して、リーダーのネットワークを構築できます。左上の図のようなイメージです。このネットワークを利用すると、二つの方法で学級全体へリーダーの影響を及ぼせます。一つは、**網目を広げるように情報を拡散する**方法です。もう一つが、**一人一人の生徒の思いを集約する**方法です。この二つを状況に応じて使い分けます。

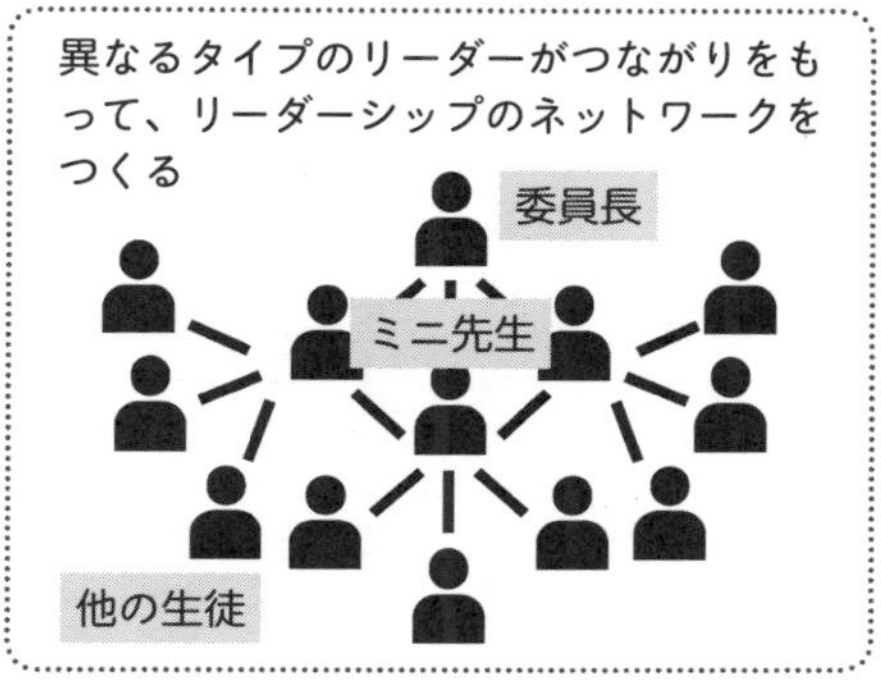

異なるタイプのリーダーがつながりをもって、リーダーシップのネットワークをつくる

　例えば、学級で決めたアイデアを実行しても十分に成果が出ない場合は、ミニ先生タイプのリーダーが各生徒に気付いた問題を聞き、委員長タイプのリーダーが集約します。そして、改善策を考えたら、「委員長→ミニ先生→各生徒」という流れで情報を伝えます。このようなネットワークを構築すると、一人のリーダーに頼ることなく生徒間の相互理解が進み、情報の共有と行動の共通化が進みます。

委員長タイプ × 指揮者・応援団長タイプ

CASE 03

リーダーシップのベクトルを意識する

異なるリーダーシップを合成する

普段のリーダーである委員長タイプと、行事など特別な期間のリーダーである指揮者・応援団長タイプでは、リーダーシップの質が違います。委員長は長期間に安定して、指揮者・応援団長タイプは短期間に一気にリーダーシップを発揮します。

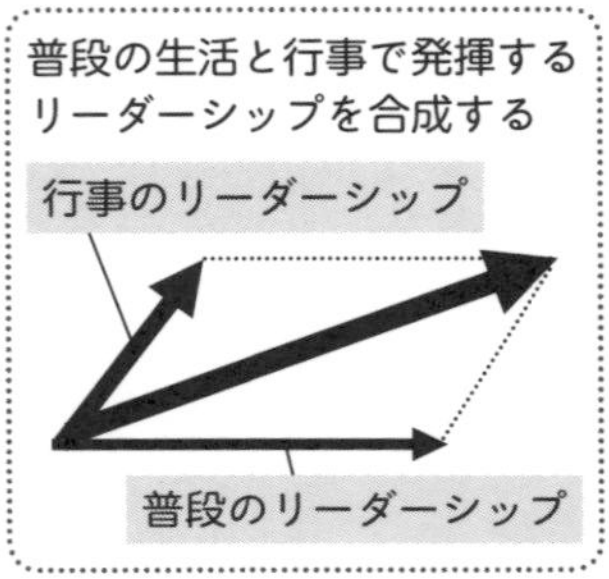

リーダーシップの質は違っても、「学級をよりよくするために発揮する」という目的は共通します。そこで、学級についてのビジョンを共有しましょう。特に、学校行事の前には行事の目的について考える機会をつくります。そして、**目指す姿に近づくために、普段の学校生活と、特別な学校行事の双方からのアプローチが大切である**ことを確認します。上の図のように二者のリーダーシップを合成し、大きな力となるようにします。

信頼残高を投資する

委員長タイプと指揮者・応援団長タイプは、リーダーシップの質や活躍の場面は違いますが、生徒の前に立つ点では共通します。そこで、「信頼残高」を活用して、お互いを盛り立てるようにすると、リーダーシップを発揮しやすくなります。

例えば、合唱コンクールの練習で指揮者になった生徒に対して、他の生徒から「なんで普段は迷惑ばかりかけるアイツが練習を仕切るんだよ！」という不満が出るかもしれません。その時に委員長タイプのリーダーが率先して付いていけば、他の生徒も「○○さんが言うなら…」と納得することがあります。**リーダーが積み重ねた信頼を、他のリーダーのために投資します**。そして、投資された側に対しては、期待に応えて努力するように教師が後押しをします。仲間の努力に期待し、その期待に応える関係性をつくりましょう。

このように相互に支え合う関係を築く前提として、リーダー同士がお互いのことを認めていなければいけません。担任が間に入って、指揮者・応援団長タイプのリーダーが委員長タイプのリーダーに相談したり、他の生徒を動かす苦労を交流したりする場をつくりましょう。そうすると、共感が芽生えてリーダー同士の結び付きが強くなります。

委員長タイプ × 番長タイプ

CASE 04

学級の表の顔と裏の顔でタッグを組む

委員長と番長の関係を対等にする

表に立つ委員長タイプと、裏で影響力をもつ番長タイプは、真逆に見えるかもしれません。しかし、多くの生徒を動かすような表現力や行動力は共通します。リーダーシップを発揮している場所が異なるだけで、リーダーシップの質には大きな違いがありません。

しかし、立場の違いから二者の関係がこじれることは少なくありません。委員長の決めたことに番長を従わせたり、番長が独断で決めたことに委員長が流されたりすると、上下関係ができます。その関係性が学級に溝を生み、学級に白けた雰囲気が漂うと、学級経営は難しくなります。学級担任が生徒を強権的に押さえ付けるような事態を避けるためにも、生徒がリーダーとして動きやすい環境を整えることが大切です。

そこで、委員長タイプと番長タイプのリーダーを**対等な関係で結び付ける**工夫をします。そのために、番長タイプの行動力を生かします。次項で詳しく説明します。

番長を表に出して責任を分かち合う

学級で生徒主体になって行動をする時には、ＰＤＣＡサイクルかＯＯＤＡ《ウーダ》ループを取り入れて手順を決めるのがお勧めです。特に、学級会を活用して**ＰＤＣＡサイクルをＣから回す**方法を、私はよく取り入れます。「Ｃ（課題把握）→Ａ（改善の方向性）→Ｐ（段取り）→Ｄ（実行）」という流れです。このサイクルのＡ（改善）の段階で、番長タイプのリーダーの意見を取り入れるようにします。委員長や副委員長タイプだけが中心だと、計画や分析など「きっちりしたこと」にばかり目が行きがちです。そこで、番長タイプのリーダーがもつ豊かな発想と行動力を生かし、解決策の実践に焦点を当てます。委員長タイプのリーダーが、番長タイプのリーダーに「〇〇さんはどう思う？」「ちょっと力を貸してほしい」と声をかけることで、**番長タイプのリーダーを表舞台に引っ張り出します。**改善策の決定に複数のリーダーがかかわると、協働して責任をもって行動に移せるようになります。

番長タイプのリーダーは、学級の公的な肩書きをもつわけではありません。役職よりも手腕を大切にして、頼るべきタイミングを見極めます。「学級の顔」の委員長と「学級のボス」の番長が良好な関係を築き、学級全体に強固なリーダーシップを発揮させましょう。

委員長タイプ × 優等生タイプ

CASE 05

よりよい行動の輪を広げる

できすぎることによる分断を防ぐ

委員長タイプと優等生タイプは、協働する関係を築きやすいと言えます。委員長タイプが理念を示し、優等生タイプが理念を具現化するように模範的な行動をして、行動の輪を広げることができるからです。二者がタッグを組むと、学級の課題解決が一気に進みます。ただし、担任として気を付けるべき点があります。それは、リーダーたちが孤立する危険がある点です。**「できる」少数のリーダーが目標達成に向けて先に進みすぎると、他の生徒が置いていかれる**状況に陥ります。そうすると、他の生徒が「このリーダーにはついていけない」とあきらめや反発の感情を抱き、学級が分断する危険性があります。

成功する要因を分析して共有する

学級の分断を防ぎ、委員長タイプと優等生タイプがリーダーシップを発揮できるようにするために、次の三つの段階を踏んで学級内での共通認識を形成します。

①ゴールした姿の共有…目標達成や成功した時の喜びを分かち合えるようにする
②手立ての共有…学級の課題を解決するための方法を全員が理解する
③スキルの共有…実践時のよくあるつまずきと、それを乗り越える方法を共有する

まず、行動に移す前にゴールイメージの共有をします。課題を解決した時の学級の姿や、解決に自身が貢献した時の気持ちを想像する機会をつくります。リーダー以外の生徒から、「学級をよりよくしたい」「学級に貢献したい」という思いを引き出しましょう。

次は手段の共有です。「学級の○○という問題を解決するために、□□に取り組もう」と、課題解決の手立てを決めます。決める時に委員長タイプのリーダーが中心になります。

最後は、手段をうまく実施するためのスキルの共有です。優等生タイプのリーダーが手本となって、解決策の実践でつまずきそうなポイントを事前に示します。また、行動に移している時に課題が生じたら、原因を分析して修正を図ります。**リーダーの力を生かしてPDCAサイクルを細かく回し、よりよい学級にするという理念と行動をつなげましょう。**

CASE 06

副委員長タイプ × ミニ先生タイプ

セーフティネットで仲間を救う

セーフティネットを整える

副委員長タイプは、目標達成に向けた行動の内容や学級の人間関係を調整するリーダーです。他方のミニ先生タイプは、様々な生徒と粘り強くかかわり続けることができるリーダーです。この二者の持ち味を生かして、学級のセーフティネットを構築しましょう。**学級のセーフティネットとは、学習や行事で取り残された生徒を助ける仕組みを指します。**

ミニ先生タイプのリーダーは、リーダー以外の生徒と距離が近く、低い視座で状況を捉えることができます。また、副委員長タイプは、生徒同士の関係づくりに長けています。副委員長とミニ先生が協力し、学習や行事の目標達成に向けた活動の中で、つまずいたりあきらめたりしている生徒を見つけ、支えるようにします。

具体的には、活動の前にリーダー間の情報共有の手順を決めます。そして、ミニ先生をリーダーにしたグループを編成し、グループ間の調整を副委員長タイプに任せましょう。

セーフティネットを機能させる

実際にセーフティネットを機能させようとすると、よく次のような問題が起きます。

・助けられる側の生徒が拒否感を示して、リーダーが躊躇する
・助けられる側の生徒がリーダーに依存し、「お世話係」として関係が固定化する

対策としては、三つの方法があります。一つ目は、助ける側の生徒を替えることです。リーダー以外の生徒の方がうまくいくことがあります。

二つ目は、目標や活動内容に無理がないか見直すことです。本当に「みんな一緒」に達成を目指すべきものなのかという点や、個々の生徒に負荷がかかりすぎる活動ではないかという視点で、行動の改善を図ります。ＰＤＣＡサイクルのＣとＡを意識しましょう。

三つ目は、リーダーの納得の上で担任が介入する方法です。リーダーの手に負えない時は、消極的な態度の生徒の対応を担任が引き受けて、学級全体に影響が及ばないようにします。**担任には、セーフティネットの下にあるセーフティマットとしての役割があります。**

CASE 07

キャンプをイメージする

トラブルのない行事はない

副委員長タイプと指揮者・応援団長タイプのリーダーが力を合わせるべき時期は、学校行事の準備期間です。行事の準備期間には、人間関係のトラブルが起こりやすくなります。その多くは、行事では普段とは異なる目標を設定することに起因します。

行事の目標の場合、可否が明確で期限が短い特徴があります。そのため、「このままでは目標に届かない」という焦りから、学級がギスギスしてトラブルが起きやすくなります。

そこで、指揮者・応援団長タイプのリーダーの勢いと、副委員長タイプのリーダーの調整力を生かして、行事に関するトラブルを乗り越えましょう。そのために、担任としてはリーダーたちに**「キャンプをイメージしてリーダーシップを発揮しよう」**と提案します。

柔軟さとおだやかさを大切にする

キャンプをイメージしたリーダーシップとは、次のような意味です。

- 足りない部分を、アイデアと手作りの工夫で楽しみながら補う
- たき火を眺めながら語るように、特別な空間を生かしておだやかに対話する

一つ目は、**柔軟な発想で仲間が活躍する選択肢を増やす**ことです。キャンプでは不便な環境の中で、周りの物を工夫して使って楽しみます。学校行事も同じです。現状に不満を述べて終わるのではなく、仲間の得意なことを理解して、強みを生かして活躍できる場を創出します。例えば、体育大会で運動が苦手な生徒が活躍できるように応援団を結成したり、学級旗や小旗などの道具を作ったりする方法を、リーダーが中心となって企画します。

二つ目は、行事に消極的な仲間を責めるのではなく、対話の場をつくることです。イメージはたき火です。トラブルが起きたら活動場所から少し離れて、たき火を眺めながら語り合うように、**おだやかな気持ちで本音を出せるようにします。**副委員長タイプのリーダーなら、当事者の生徒の思いを受け止めて、前に踏み出すきっかけをつくることができます。担任はトラブルの質を見極めて、リーダーに任せるかどうかを判断しましょう。

CASE 08

OODAループを回す

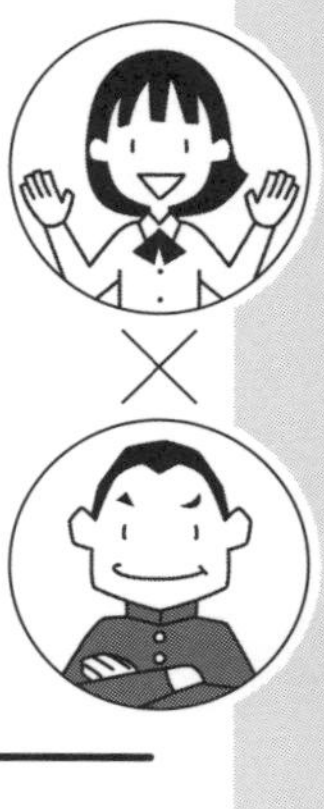

発想力と調整力を生かして協力する

番長タイプと副委員長タイプのかかわり合いというと、番長タイプの奔放さに副委員長タイプが振り回されるイメージをもつかもしれません。番長タイプが他の生徒の間に軋轢を生じさせ、副委員長タイプが関係修復を図るというような光景です。

そのような心配を現実にしないためには、学級でOODAループを回す時に番長タイプと副委員長タイプの連携を進めます。OODAループはPDCAサイクルに比べて、先の見えない状況に適していると言われます。OODAループには「暗黙の誘導・統制」という考え方があり、情勢判断から明示的な意思決定をせずに行動につなげるからです。[5] **番長タイプの発想力と副委員長タイプの調整力を生かして、学級を柔軟に動かします。**

行き当たりばったりではなく臨機応変に

学級に OODA ループを取り入れる

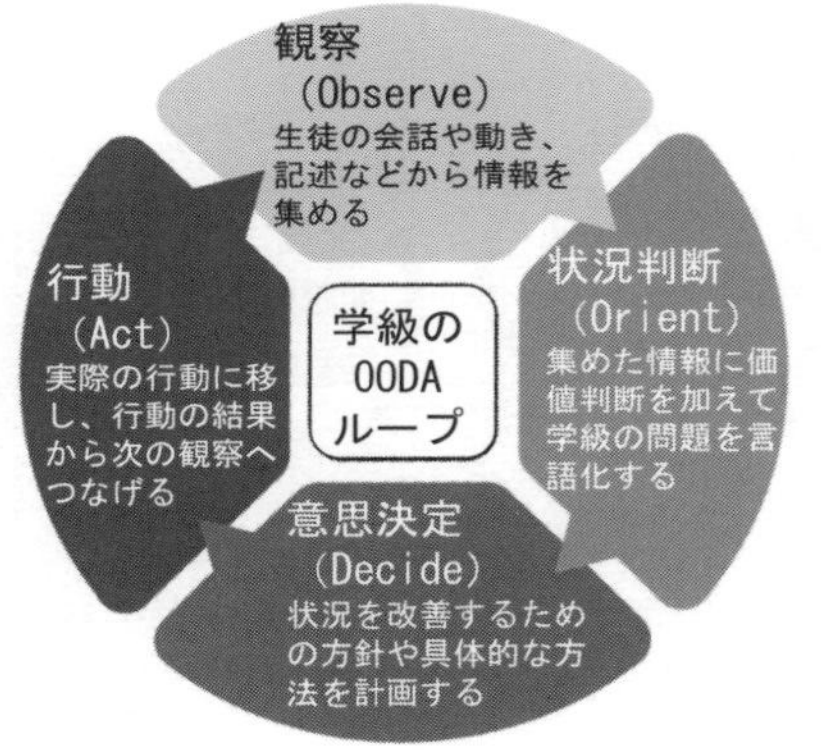
観察
(Observe)
生徒の会話や動き、記述などから情報を集める
状況判断
(Orient)
集めた情報に価値判断を加えて学級の問題を言語化する
意思決定
(Decide)
状況を改善するための方針や具体的な方法を計画する
行動
(Act)
実際の行動に移し、行動の結果から次の観察へつなげる
学級の
OODA
ループ

（リチャーズ『OODA LOOP』を参考に川端作成）

学級でOODAループを回す時には、上の図のようにリーダーで役割分担をします。観察と状況判断（情勢への適応）は副委員長タイプが主導し、リーダー間で情報を共有します。

番長タイプは意思決定と行動を担います。行動の裏で副委員長タイプは方策の意図を学級に周知し、行動の役割分担やグループ分けを行います。このように、リーダーの得意分野を生かして、的確な判断と迅速な行動を実現します。

生徒主体の活動では、何が起きるか予想がつかない面があります。だからこそ、**場当たり的な対応ではなく、臨機応変な行動ができるようにリーダーの力を生かしましょう。**

(5) チェット・リチャーズ著、原田勉訳『OODA　LOOP』東洋経済新報社、二〇一九年

副委員長タイプ × 優等生タイプ

CASE 09

問題を見つけて修繕や改築をする

PDCAサイクルをダブルループで回す

一般的なPDCAサイクル(左)と問題解決のPDCAサイクル(右)を連動する

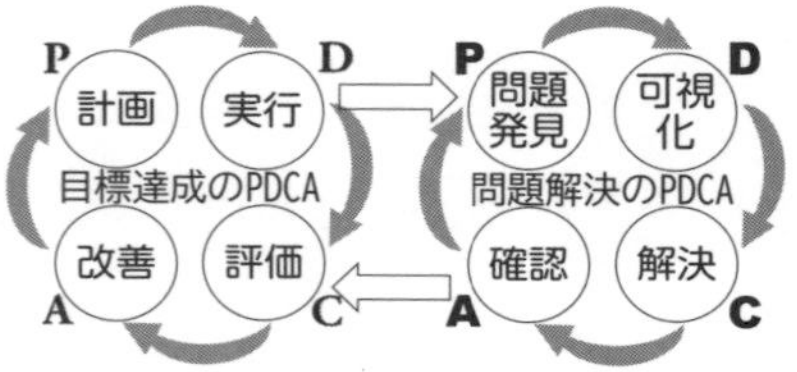

(遠藤功『見える化』を参考に川端作成)

学校ではＰＤＣＡサイクルを取り入れることがよくあります。これは、計画を効率よく遂行する点では効果を発揮しますが、計画や評価が形骸化しやすい点が課題です。

その課題を克服するためには、ＰＤＣＡサイクルをダブルループで回すことが有効です。ダブルループとは、上の図のように、**目標達成のＰＤＣＡと問題解決のＰＤＣＡを連動させる**ことです[6]。問題解決のＰＤＣＡでは、問題の発見（Problem-finding）、問題の可視化と共有（Display）、問題の解決（Clear）、

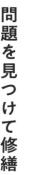

解決したことの確認（Acknowledge）というサイクルを回します。

ダブルループを学級に取り入れるよさは、活動がうまくいかない原因と学級の問題を結び付ける点です。活動の改善を通して学級の根本的な問題を解決することができる点です。

逆に、すべきことが多岐にわたるのが難しい点です。すべてが中途半端になる恐れがあります。そこで、**副委員長タイプのリーダーが分析して問題を焦点化し、行動の優先順位を明確にしましょう。そして、優等生タイプのリーダーが率先して問題解決に臨みます。**

学級をリフォームやリノベーションする

学級の問題とは、住宅にたとえると、設計段階ではわからなかった欠陥や破損が見つかったり、住人の変化に対して間取りが合わなくなったりしている状態です。そこで、学級の問題を発見して修繕（リフォーム）して丈夫にします。

また、修繕では不十分な時は、学級の仕組みを大きく改装（リノベーション）することも視野に入れます。生徒のニーズを捉えて、居心地のよい学級をつくりましょう。

（6）遠藤功『見える化―強い企業をつくる「見える」仕組み―』東洋経済新報社、二〇〇五年

CASE 10

感情を動かしてバズりをねらう

行事に向けた機運を高める

学校行事に向けた準備で、リーダーが示すビジョンを短期間で共有し、行動につなげるのは簡単ではありません。そこで、指揮者・応援団長タイプとミニ先生タイプのリーダーが連携して、行事に向けたチームづくりを進めましょう。ポイントは、「バズり」です。

体育大会や合唱、修学旅行などの**行事に向けた機運を短期間で高める**ことをねらいます。ただし、一歩間違えるとリーダーや教師への不信と不満を一気に高めて「炎上」を引き起こします。炎上ではなく、いい意味でバズるために、次の二点に留意しましょう。

- **やさしい面白さ**…同調圧力をかけず、誰も傷つけない形で拡散する
- **語りたくなるネタづくり**…キャッチフレーズとキャンペーンを取り入れる

まず、活動によって他者を傷つけたり、全員参加を強制したりしないことです。意欲の差やネガティブな反応を理解します。その上で、前向きな感情を刺激するために、語りたくなる仕掛けをします。そのポイントが、キャッチフレーズとキャンペーンです。

キャッチフレーズとキャンペーンでバズらせる

語りたくなる仕掛けの一つとして、**リーダーのビジョンをキャッチフレーズ化**します。例えば、「新しい楽しさを見つける旅」「金賞のためではなく、感動のために歌う」など、端的な言葉にします。指揮者・応援団長タイプのリーダーが中心になって考案しましょう。

また、行事の**準備や練習をキャンペーン化**します。例えば、「合唱でブレスをそろえようキャンペーン」や「旅行の相部屋の仲間にちょっとしたボランティア」「選抜リレーのメンバーをコードネームで呼び合う週間の実施」など、ポイントを絞った企画を立案します。そして、ミニ先生タイプのリーダーがキャンペーンに積極的に参加しつつ、他の生徒にはキャンペーンの魅力をPRして巻き込むようにしましょう。

行事というと目標達成の可否ばかりに目が行きがちです。そうではなく、目標に至る過程を楽しめるようにしましょう。リーダーの工夫とかかわり合いが鍵になります。

ミニ先生タイプ × 番長タイプ

CASE 11

クチコミで賛同者を増やす

番長タイプの影響力をよい方向に生かす

裏で影響力をもつ番長タイプのリーダーは、ミニ先生タイプのリーダーが複数で補佐すると持ち味をよい方向に発揮できます。その理由は二つあります。

一つは、ミニ先生タイプのリーダーたちが複数いると、番長タイプの行きすぎを食い止めることができるからです。もう一つは、番長タイプのリーダーの意図を、ミニ先生タイプのリーダーたちが中継して他の生徒に伝えることができるからです。ミニ先生タイプのリーダーが「ハブ」のような役割を果たします。そうすると、**番長タイプが暴走や孤立をせずに、リーダーとしての考えがよりわかりやすい形で学級に浸透していきます。**

クチコミで双方向のやりとりをする

番長タイプとミニ先生タイプのリーダーの持ち味を生かして、クチコミ型の情報共有の仕組みをつくります。次のように**双方向のやりとりにする**のがポイントです。

- 学級の活動について、ミニ先生タイプのリーダーの解釈を加えながら情報を伝える
- 「生の声」をフィードバックとして生かして、活動の方向性や内容を改善する

一点目は、番長タイプが考えた方針や活動内容を、ミニ先生タイプが他の生徒に伝える際の工夫です。単に内容を伝えるだけではなく、自身の価値判断に基づいた考えを加えるようにします。例えば、「この企画、〇〇（番長タイプ）は～という気持ちで考えたと思うんだ」や「これがうまくいったら、クラスがもっと…になると思う」などです。解釈を加えた情報を伝えると、聞いた側も自分の考えを言いたくなります。それがクチコミのようにじわじわと広がって、生徒が当事者として学級の活動に参加できるようになります。

二点目に、リーダー以外の生徒の声を拾い上げて集約します。生徒の当事者性が増すと、「もっと学級をよくしたい」という思いから厳しい意見を出すことがあります。その声をリーダー間で共有し、活動の改善を図ります。番長タイプの行動力やミニ先生タイプのコミュニケーション能力を生かせば、活動の硬直化を防ぎ、実態に応じた改善ができます。

リーダー同士の関係づくり

CASE 12

信頼をレンガのように積み上げる

動ける集団をつくる

優等生タイプは、行動で仲間を引っ張ることができるリーダーです。ミニ先生タイプは、仲間を見捨てずに粘り強く関係をもつことができるリーダーです。この二つのタイプの長所を組み合わせると、日常の係活動でもルールやマナーに関する行動でも、動きの質を高めることができます。次のような手順で**「動ける集団」をつくりましょう。**

①優等生タイプのリーダーが模範的な行動を率先し、継続する
②複数のリーダーで行動のポイントを分析し、無理なく継続するためのコツを示す
③ミニ先生タイプのリーダーが他の生徒の行動を後押しする

ある活動を学級に定着させたい場合、まずは優等生タイプのリーダーが行動のモデルと

なります。次に、その行動のよさや目標達成への貢献度を分析します。そして、ミニ先生タイプのリーダーが他の生徒にコツを伝えたり、一緒に行動をしたりします。

ポイントは、行動を単に真似するのではなく、行動の価値を明らかにすることです。目的と目標が明確だと、人は行動を続けることができます。

また、行動の難易度が高くても、優等生タイプの力量でこなしている可能性があります。その場合は、ミニ先生タイプのリーダーの柔軟な発想を生かします。「簡単モード」の活動を考案するなど複数の選択肢を用意して、多くの生徒が活動に参加できるようにします。

レンガ造りの丈夫な家を目指す

優等生タイプとミニ先生タイプのリーダーの連携が機能すると、行動の輪が学級全体へ広がります。また、口だけではないリーダーに対する信頼は厚く、強固になります。

教師が望ましいと考える行動を生徒に押し付けても、反発が生まれるだけです。そうではなく、生徒自身が望ましい行動を判断して、リーダーを中心に地道に行動し続けます。そうすると、生徒の意識が徐々に変化して行動が浸透します。**一つ一つレンガを積むように信頼を重ねましょう。**時間はかかりますが、丈夫で安心な集団へと成長していきます。

CASE 13

衝突の「音」を見極める

リーダー同士の適度な距離感を探る

指揮者・応援団長タイプのリーダーが中心になって学校行事の準備を進めている時に、番長タイプのリーダーが陰で周囲の生徒に不満をもらすことがあります。番長タイプの負の影響力が大きい場合は、面と向かって「そんなことできないけど」などと決定事項を否定することさえあります。このような衝突を乗り越えるために、指揮者・応援団長タイプと番長タイプがリーダーとして対等な関係をつくることを目指しましょう。

対等な関係をつくるポイントは、距離感です。リーダー同士の距離が近すぎると、視野が狭くなり、感情的なやりとりが増えます。そんな時は距離をとることをリーダーに勧めます。距離をとると視野が広がります。そうすると**俯瞰的に学級を見たり、自分を客観的に見つめ直したりする余裕ができます。**視野を広げて心に余裕ができたら、目的や目標をリーダー間で共有するために対話を促します。衝突時には、思考の枠組みを変えましょう。

目的と目標に目を向ける

リーダーの視野を広げつつ、目的や目標を振り返ります。次のような方法です。

- **目的を再確認する**…学級や仲間をどうしたいのかという根本に立ち返る
- **目標を再確認する**…目的を叶える手段として、具体的な目標の到達状況を点検する
- **目標を再設定する**…目標を吟味し、目的を叶えるために最適な目標に改善する

指揮者・応援団長タイプのリーダーと番長タイプのリーダーが対立するような状況でも、学級に対する願いが共通している場合があります。目的や目標を振り返る場を設けて、「なんだ、実は同じことを思っていたんだ」と**お互いを共感的に理解するきっかけをつくります。**また、目的を確認する過程でよりよい目標を見つけた場合は目標を再設定します。

指揮者・応援団長タイプも番長タイプも、「パワー」があるリーダーです。衝突すれば学級に大きな「音」が響き、他の生徒に影響を与えます。学級を壊す音なのか、学級を建てる音なのかを見極めて、リーダー同士が手を携えるきっかけをつくりましょう。

CASE 14

展開を予測しながら率先して動く

連携した行動で仲間をリードする

学級で取り組む活動は多岐にわたり、一つのことにゆっくりと時間をかけることが難しい場合が多々あります。短期間で目標の達成をしたい時には、指揮者・応援団長タイプのリーダーと優等生タイプのリーダーの連携が効果的です。優等生タイプのリーダーは、他の生徒の参考になるように体で反応して**行動の手本**を示します。指揮者・応援団長タイプのリーダーは腰の重い生徒の意欲を刺激し、**活動に巻き込む**ようにします。このように、リーダーが自ら動くことで他の生徒に影響を与える時には、次の二点が大切です。

- **動きながら考える**…まず行動し、体を動かしながら行動の意味を考える
- **状況を先読みする**…選択すべき行動と、行動による影響を予測する

一つ目に、議論より行動を優先します。まず行動を起こし、その影響を見ながら行動を改善します。危惧されるのは、選んだ行動によって学級によくない影響を及ぼすことです。そこで、二つ目に、行動の選択肢をできるだけ多くして、それぞれ実行した時の影響を想定することです。将棋でたとえると早指しをしながら悪手を避け、最善手をねらいます。

この二つの役割を、一人のリーダーが担うのは困難です。だからこそ、**複数のリーダーが連携して「予測→実行→分析→改善」という流れを分担して行う**ように促します。

雨の日のキャンプでも楽しめるようにする

選択肢を増やして素早く判断することは、学校行事をキャンプにたとえるとイメージしやすくなります。キャンプ場に着いた後に、何をするかゆっくりと考えるよりも、まずは体を動かす方が短い時間でキャンプを満喫できます。

ただし、思い付きだけで行動すると失敗の可能性が上がります。参加者は徒労に感じます。そこで、リーダーが率先して動きながらも、先を見通して複数の選択肢を用意します。雨が降ってもキャンプを楽しめるようにトランプを用意したり、バンガローを予約したりするようなイメージです。リーダーには展開を予測する力を育てましょう。

CASE 15

対極に見える関係をつなぐ

イメージを固定せずにイメージを利用する

番長タイプと優等生タイプは、リーダーとしての立ち位置が対極的に見えます。一般的に教師にとっては、「厄介なリーダー」と「助かるリーダー」と感じるかもしれません。周りの生徒も、リーダーの生徒自身も水と油のような関係で捉えている場合があります。

しかし、このようなイメージは一面的なものです。番長タイプのリーダーの力を生かせば、学級の雰囲気がとても温かくなります。また、優等生タイプのリーダーに過度な期待をかけて我慢を強いた結果、教師と距離を置き、反発することもあります。私たちはイメージを固定しがちですが、実際の学級での生徒の立場やふるまいは常に変化します。

番長タイプと優等生タイプで連携する時は、**固定的なイメージを逆手に取ります。**周囲が真逆なタイプだと思い込んでいるリーダー同士が協力すれば、他の生徒は意外性を感じて、自分たちもかかわろうとします。イメージを利用して、学級の輪を広げましょう。

目的・感情・人でつなぐ

番長タイプのリーダーと優等生タイプのリーダーが歩み寄るために、次の三つの方法でつながりをつくります。目的、感情、そして人を介してつながるように工夫します。

- **目的でつなぐ**…同じ学級の仲間として目指す内容を確認して協力する
- **感情でつなぐ**…学級に対する思いを交流して共感のきっかけをつくる
- **人でつなぐ**…番長タイプと優等生タイプ以外の生徒を介して協力関係をつくる

一つ目は、目的意識を共有することです。基本の方法と言えます。ただし、普段の関係性が薄い場合は「理屈はわかるけど、協力しづらい」と感じることがあります。

そこで、二つ目の感情でつなぐ方法を試します。例えば、「普段は協力しないけど、行事で負けるのは悔しいから協力する」という流れをねらいます。

さらに、三つ目として「〇〇さんを助けるために力を貸して！」などと要請をします。

優等生タイプの正義感や番長タイプの情に厚い心に、響いて届く働きかけをしましょう。

第3章

「学級リーダー」育成の落とし穴

01

無責任な「信じる」は言わない

リーダーがつらくなる「信じる」を避ける

学級リーダーを育てるために、学級担任がすべきなのは「整理する」「見る」「任せる」という三つの行動を通して、リーダー同士のかかわり合いの機会をつくることです。それでは、逆に学級リーダーを育成する時に避けるべきなのはどのようなことでしょうか。

それは、間違った「信じる」です。具体的には次の二つを指します。

- 信頼を口実にした放任で、学級リーダーを助けない
- 信頼に見せかけた圧力で、学級リーダーを苦しめる

一つ目は、**信頼を口実にしながら、実際は放任する**ことです。生徒に対して「あなたを

信じるよ」と言うだけで、見守ることや手を差し伸べることをしないかかわり方です。教師が責任を放棄し、自分が楽をするために生徒に仕事を振っている状況です。「信じる」が何もしないことの免罪符のように使われています。その結果、リーダーの生徒が孤立無援になり、学級での立場が苦しくなるおそれがあります。

二つ目の間違った「信じる」は、**信頼に見せかけて圧力をかける**ことです。「君ならできるよな？　信じているぞ」などと声をかけ、生徒に負担の大きな活動に取り組むように促すようなかかわり方です。「信じる」が呪いの言葉のようになってしまいます。学校行事や部活動でリーダーが担任のようにふるまうように求められると、生徒には大きな重圧となります。責任に見合う権限がなく、教師の支援もないからです。このようなかかわり方では、リーダーがつらくなります。

放任も圧力も、教師の責任を果たしていないにもかかわらず、「信じる」という響きのよい言葉でごまかしているに過ぎません。学級経営の大前提は、生徒の成長に責任をもつことです。「信じる」という言葉にふさわしいだけの責任を果たすには、とことん対話し、目的意識を共有する必要があります。リーダーを中心とした活動がうまくいけばリーダーの功績であり、行き詰まれば教師の責任であるという覚悟をもちましょう。

生徒を信じて根気強く支援する

私は、生徒を信じてリーダーとしての活動を任せる時に、次の四つの立ち位置を意識しています。リーダーの主体性や教師の関与の度合いが変わります。

リーダーの主体性

強 ←→ 弱

①**前で引っ張る**…教師が学級リーダーの手本となって導く
②**横に並ぶ**…教師がリーダーに並走や伴走をしながら同じペースで進む
③**後ろで支える**…後ろで見守りながら、必要に応じて後押しをする
④**後で尋ねる**…温かく聞きながら思いを引き出す

一つ目は、教師が学級リーダーを**先導する**ような関係です。生徒の主体性は比較的低く、教師が手本を見せるような形です。

二つ目は、**横に並ぶ**ような関係です。教師が生徒のペースを調整する伴走と、生徒のペースに完全に合わせる並走があります。

三つ目は、教師が**後ろで見守る**ような関係です。先導や伴走よりは少し距離を置きつつ、

何かあったら手を差し伸べるようにします。また、支えが必要な時は後ろから助けたり、後押しをしたりします。

四つ目は、リーダーに**後で尋ねる**方法です。前述した三つと異なり、活動の場に教師が同席しません。その代わり、活動前の打ち合わせと、活動後の振り返りを丁寧に行います。

①〜④のいずれのかかわり方でも、リーダーによる選択と決定を尊重し、教師は支援に専念します。特に、フィードバックを丁寧に行います。

フィードバックを行う時の注意として、リーダーの個人の人間性に焦点を当てないことです。「あなたはリーダーにぴったりだね」などの能力に対する評価は、能力に対する固定的な見方を助長するおそれがあります。(1) **生徒の能力ではなく、リーダーとして選択した手段や決定までの過程に焦点を当てて、生徒が自己調整をできるようにしましょう。**

生徒を信じるとは、放任でも圧力でもなく、教師が根気強く支援を続けることです。そのような支援が生徒に自信を与え、学級リーダーとしての成長の機会を生みます。

---

(1) ダグラス・フィッシャー、ナンシー・フレイ著、吉田新一郎訳『「学びの責任」は誰にあるのか　「責任の移行モデル」で授業が変わる』新評論、二〇一七年

02

重荷となる「任せた」は言わない

「任せる」を「見捨てる」にしない

前項で説明したように、リーダーに対して「信じる」と言いながら、必要な支援をしなければ、それは信頼ではなく放任や圧力です。「信じる」と同様に、**「任せた」という言葉も使い方によっては学級リーダーを苦しめます。**よくない任せ方は大きく三つあります。

- **放任**…必要な手助けや環境整備をしない
- **責任の押し付け**…教師が背負うべき責任を学級リーダーに負わせる
- **責任のコピー**…担任の分身としてふるまうことを求める

一つ目は、放任です。信頼の名を借りた放任と同様に、「後は任せたよ」と声をかけるだけで、事前の準備も事後のフォローもしないというかかわり方です。これでは、生徒がリーダーシップを発揮できる状況にはなりません。

二つ目は、責任の押し付けです。本来は教師が背負うべき責任を、学級リーダーに肩代わりさせるような状況です。前項で述べた「信頼に見せかけた圧力」と同じようなふるまいです。生徒は過度の責任を負うと、失敗を恐れて委縮してしまいます。そうすると、成果が出にくくなり、さらにリーダーとしての自信を失うという悪循環に陥ります。

三つ目は、学級リーダーを担任のコピーのように扱うことです。例えば、学校や学級のきまりの違反をリーダーに見つけさせ、当該生徒に注意をさせる場合などです。生徒同士の「指導」は、言い方や関係性を考慮しなければ効果が薄く、反発を生むからです。そのため、リーダーが担任の分身として生徒指導を行っても、早々に行き詰まります。または、注意がエスカレートしてケンカやいじめの原因となることがあります。

いずれの方法も、一時的には担任は楽になるかもしれません。その裏で**リーダーとなった生徒にとってはとてつもない負担となります。**そして、生徒同士が歪な関係になり、学級での問題が起きやすくなります。目先の楽を求めては、学級リーダーを見捨てることになります。そして、リーダーを見捨てるようなことをすれば、学級は崩れます。

任せる時には三段階の目標を設定する

リーダーに活動を任せる時に、負担が大きくならないように、要求を高くしすぎないことが大切です。また、学級として目指す方向性はブレないようにしたいものです。

そこで、私はリーダーに任せる前に、リーダーと一緒に活動の目標を設定します。次のように、**S・A・Bの三段階で目標を立てます。**

- B目標…「まずはここまで」という最低限の目標
- A目標…「ここまではなんとか届きたい」という標準の目標
- S目標…「できたら感無量」という最高レベルの目標

学習における評価基準やルーブリックのイメージです。ただし、表現は「評価基準」よりも「目標」という言葉にすることを勧めます。目標と呼ぶことで到達への意欲が高まります。また、たとえB目標に留まってもある程度の達成感が得られます。

例えば、体育大会（運動会）であれば、次のように目標を設定します。

- **B目標**…大会の練習や準備を通して、体を動かすのが今より少しでも好きになる
- **A目標**…B目標に加えて、当日は運動が得意な人も苦手な人も、心から楽しむ
- **S目標**…A目標に加えて、見ている人から「○組の雰囲気最高！」と認められる

これは、私が実際に担任をした時の目標です。どの目標にも勝ち負けが入っていないことが気に入っています。練習の時点でB目標の達成ができるというアイデアも面白いです。これらの目標は、教師とリーダーだけではなく、学級全体で決めると目標を共有できます。例えば、担任の助言を基にしてリーダーや班長が中心となって原案を決め、学級全体に原案を提示して、修正を図って決定するという流れです。そうすると、目標を決める段階から、リーダーを中心に生徒に任せる場面をつくることができます。

リーダーに学級を任せるというのは、担任としては勇気と覚悟が必要です。そして、生徒の側からすれば、誇りに感じる気持ち以上に、不安や重圧を感じやすいと思います。だからこそ、**リーダーを支えながら任せる**という意識が大切です。丁寧な事前の環境整備と、活動中や事後の補助やフィードバックを欠かさないようにしましょう。

03

「リーダーだろ！」と叱らない

ハードルを上げて評価しない

学校では「生徒会長なんだから、他の生徒の模範になるようにしなさい」「キャプテンとして、もっと練習を仕切って！」など、役職に絡めた叱責を耳にすることがあります。それは役職に伴う責任を自覚させる目的があるのだと思います。また、リーダーとしての期待の高さゆえに、厳しい見方をするとも言えます。学級リーダーに対しても、担任として「委員長なんだから…」「指揮者としてもっと…」と言いたくなる気持ちは理解します。

しかし、そのような**役職に絡めた叱責は、生徒にとって重荷となります。**教師からの圧力を感じて、精神的に追い詰められたり、教師への不信を生んだりする問題を引き起こす可能性があります。なぜなら、教師の意図と生徒の受け止め方が、次のページの図のようにずれるからです。

役職に絡めた叱責は逆効果となる

教師は、リーダーに対して期待を込めたつもりで叱責をします。その裏には「もっとできるはず」という生徒個人への期待や、「リーダーならこの場面ではしっかりすべきだ」という現状への不満があります。

しかし、生徒の側は教師の思いをまっすぐに受け止めるとは限りません。「自分だってがんばっているのに…」という自負や、「何で他の生徒には言わないのに私ばかり…」という不公平感をもつかもしれません。

リーダーの中には、立候補ではなく周りの推薦や「やるのは、○○しかいないでしょう」という雰囲気を察してリーダーを務めている場合があります。そうすると、叱責されて「好きでやっているわけではないのに…」と感じるものです。

また、責任感の強い生徒の場合は、逆に教師の叱責を真に受けて、「自分はリーダー失格だ」と、リーダーとしての自信をなくす可能性もあります。**教師は叱咤激励のつもりでも、リーダーにとっては圧力となり、生徒の可能性を潰す**危険があります。

他者を責めずに自己を見つめ直す

担任として学級リーダーにかける期待が大きいことは、よくわかります。期待をしている分だけ、教師の思い描く姿とリーダーの現状に差を感じた時に、がっかりした気持ちが大きくなります。また、不甲斐ないと感じていらだつこともあるでしょう。

しかし、生徒に期待をするのは、教師の都合です。そもそも、生徒は私たち教員のように報酬を得ているわけではありません。過度の責任を求めたり、リーダーとしてのふるまいを四六時中求めたりしてはいけません。

生徒を責める前に、**教師としての自分の感情を見つめ直す**ことが大切だと考えます。失望やいらだちを感じて叱責する前に、ひと呼吸おいて、次のように自問自答しましょう。

- **失望を見つめ直す**…「リーダーに対する教師の願望を押し付けていないか」と問う
- **いらだちを見つめ直す**…「担任としての力量への不安や焦りではないか」と問う

感情と向き合って、自己を客観視しましょう。いらだちが軽減し、冷静になります。

リーダーへの感謝を忘れずに対話する

冷静に考えても、やはりリーダーに物足りなさを感じることはあります。そんな時は、**対話を通してリーダーが自分の可能性に気付くようにしましょう。**次のような手順です。

①リーダーとしての働きに感謝して生徒を労う
②活動の目標をリーダーと確認する
③活動の進捗状況や学級の現状を振り返る
④リーダーとしてできることと、学級全体で取り組むべきことを分けて考える

まずは、リーダーの苦労を受け止めます。その上で、目標とする状況を確認します。次に、目標と現状を比較して課題を明確にします。最後に、状況を改善するために、一人一人の生徒がすべきことと、学級リーダーができることを分けて問います。

このような手順を踏むと、生徒はリーダーとして足りない点に気付き、これからすべきことが見えてきます。教師の役割は、対話を通して気付きのきっかけをつくることです。

04

教師の味方にしようとしない

生徒を味方にするのを目的化しない

学級リーダーを育てる時に、リーダーを教師の味方にしようとしないことが大切です。もちろん教師と生徒のかかわりの結果、生徒が教師を信頼して味方になってくれることはあります。それはありがたいことですし、問題視すべきではありません。

問題なのは、**教師が最初から生徒を味方にする目的でかかわりをもつ**ことです。特に学級リーダーを味方にすることが目的化すると、次のような状況に陥るおそれがあります。

- **えこひいきをする**…リーダーを特別扱いして他の生徒との関係が冷え込む
- **媚びを売る**…リーダーを過度に尊重して教師の尊厳が失われる

一つは、**えこひいきをして教師が学級リーダーを囲い込む**ことです。教師が学級リーダーを特別扱いすると、リーダーと他の生徒の間に距離ができ、関係が悪くなるおそれがあります。結果的に、学級でのリーダーの居場所がなくなり、リーダーシップを発揮するのが難しくなります。教師がリーダーとなる生徒を囲い込むことが、リーダーを潰す状況を生みます。また、教師が一部の生徒への特別待遇を平気で行えば、リーダー以外の生徒は教師をよく思いません。教師がフェアであることを怠ると、学級経営は難しくなります。

もう一つは、**リーダーを懐柔しようとして媚びを売る**ような状況です。リーダーは学級での権限が強くなる一方で、生徒が担うべきではない責任まで背負うことになります。また、教師の側に注目すると尊厳が失われ、立場がなくなることになります。

なお、教師の尊厳が失われるとは、威張ることができなくなって困るという意味ではありません。どれだけリーダーとなる生徒がいても、学級の責任は担任にあります。尊厳が失われることで、問題行動を呼び起こし、生徒の安全を守ることができなくなる危険性があります。

ひいきも媚びも、教師と生徒の関係や生徒同士の関係をゆがめることにつながります。教師の都合でリーダーを誤った方向に育てないようにしましょう。

味方にするのではなく味方になる

教師がリーダーを味方につけようとすることの背景には、敵と味方という二項対立で生徒を捉える問題があります。生徒は、教師の敵でも味方でもありません。教えて育てるべき相手です。また、敵や味方として捉えることは、冷静な判断とは言えません。感情的なものです。**敵と味方という二項対立や個人の好悪の感情に囚われないようにしましょう。**

二項対立を乗り越えて、生徒に対して「整理する」「見る」「任せる」という三つのかかわりを丁寧に続けることで、生徒からの信頼を少しずつ積み重ねます。生徒は、教師のことをよく見ています。自分の味方につけようと打算的な行動をしているのか、それともリーダーとしての可能性を伸ばそうとしているのか、教師の本心を生徒は感じ取るものです。

生徒との間合いを意識する

学級リーダーは、学級として目指す方向性を理解し、他の生徒をまとめるために努力します。その姿を担任として見ていると、リーダーが担任の分身や同志のように見える時があるかもしれません。しかし、どれだけリーダーシップを発揮しても、生徒の立場に変わりはありません。教師として、**適度な距離感を保つ**ことが必要です。

距離感を保ちながらリーダーを育てる時に、私が大切にするのはリーダーの言葉に耳を傾けることです。生徒の立場を尊重しながら次のように対話する場を活用しましょう。

・公式な場と非公式な場を併用して対話する
・一対一の場面では、リーダー個人の能力より学級全体のことを話題にする

一点目は、話を聞く場の使い分けです。学級会や定例の班長会議などの学級における公的な場では、リーダーの意見を最大限尊重します。ただし、どっしりと構えて話を聞こうとすると、生徒も身構えます。そこで、休み時間の廊下などの非公式の場での対話も大切にします。公的な場では出しにくい意見を、すっと言えることがあります。

二点目は、他の生徒の目がない場所では、リーダーが弱音を吐けたり、教師に対する要望を正直に言えたりすることを目指します。リーダー個人の能力や行動に焦点を絞ると、リーダーは教師の評価が気になって本音を出しづらくなります。そこで、**学級全体に焦点を当て、もっとよくするためにできることを一緒に考える**ようにしましょう。

05

担任が院政を敷かない

リーダーに忖度させない

学級リーダーを育てようとして、過度に干渉せず、リーダーに任せる場面を増やしたはずなのに、リーダーが小さくまとまってしまうことがあります。担任としては「この生徒はもっとできるはず」と感じる状況です。環境を整えているはずなのにリーダーが伸び悩む時、その原因は主に二つ考えられます。

考えられる原因の一つ目は、他の生徒がリーダーを妨害している場合です。生徒同士の関係に問題があると感じた場合は、教師が介入して関係を結び直す手伝いをすべきです。

もう一つの原因は、リーダーが担任に忖度している場合です。教師がリーダーに任せているように見えて、実際はリーダーの行動を統制していることがあります。歴史でたとえると、**担任が院政を敷いている**状況です。この「院政」は、教師が無自覚に行っていることがあります。教師がリーダーに対して次のような態度を繰り返すことが原因です。

- **教師がリーダーを適度にほめない**…リーダーが無気力になる
- **教師がリーダーを過度に批判する**…リーダーが委縮する
- **教師が不機嫌な様子を見せる**…リーダーが教師に気を遣う
- **教師が期待することをしつこく述べる**…リーダーは教師の顔色をうかがう

教師がリーダーの言動に対して適度な承認をせず、逆に過度な批判をすると、リーダーが自己判断や挑戦を避けるようになります。そして、教師が不機嫌な様子で「望ましい」と考えるリーダー像を繰り返し述べると、生徒は教師の意図することを汲み取って、その通りに行動した方がよいと考えるようになります。リーダーは教師の操り人形と化します。リーダーの主体性や学級の自治にはほど遠い状態です。

学級リーダーのように視野の広い生徒こそ、教師の目を気にします。だからこそ、望ましい行動を暗に求めることは避けるべきです。リーダーに任せて、「あなたがやろうとしていることを私は見ていたい。応援したい」というメッセージを発するようにしましょう。

リーダーへの教室マルトリートメントを自覚する

川上康則氏は、「教室で行われる子どもの心を傷つけるような不適切な指導」を「教室マルトリートメント」と名付けました。そして、教室マルトリートメントの背景には、教師の側の不安に起因する自己防衛的な態度や失敗を極度に恐れる意識があると論じています[2]。

担任が院政を敷いてリーダーをコントロールすることは、教室マルトリートメントだと自覚することが重要です。リーダーの尊厳を傷つける行為だからです。もっと言えば、リーダー育成の落とし穴として、この第3章で取り上げた言動は、いずれも教室マルトリートメントに含まれると考えられます。放任するような「信じる」、重圧をかけるような「任せた」、過度に職責を問う「リーダーだろ！」などの言葉は、生徒の心にとげのように刺さります。また、教師がリーダーを囲い込むような態度は、リーダーと他の生徒の関係をゆがませてリーダーを苦しめます。**生徒の人格を尊重するという原則を肝に銘じる**必要があります。

リーダーを枠に当てはめない

教師がよかれと思ったことでリーダーの成長を阻害するのは、マルトリートメントに当たる不適切な指導だけではありません。私は、枠に当てはめた評価も危険だと考えます。例えば、次のような評価です。

・模範的な行動を続ける生徒を「〇〇さんはザ・優等生だよね」と評価する
・行事で活躍する生徒を「〇〇さんは、イベントに強いお祭り男だ！」と評価する

どちらもほめるつもりでかけた言葉ですが、生徒を特定のタイプという枠に押し込めてしまいます。枠に当てはめる評価を続けると、生徒は周囲に認められた「キャラ」としてふるまうことを求められ、ストレスを感じる可能性があります。

本書ではリーダーの特色を「〇〇タイプ」と名付けていますが、第１章で述べた通り、タイプは場面や状況で変化します。また、一人のリーダーには複数のタイプの資質が内在します。**生徒を枠にはめるのではなく、枠を広げて増やすようにかかわる**ことが大切です。

（２）川上康則『教室マルトリートメント』東洋館出版社、二〇二二年

06

リーダー以外の生徒を軽視しない

フォロワーの信頼を得る

学級リーダーを育成する時の最大の落とし穴は、リーダー以外の生徒を軽視することです。学級リーダーのリーダーシップとは「学級の成果のために他の生徒に影響を与えること」ですが、他の生徒を「その他大勢」のように扱うと、生徒はついてきません。リーダー以外の生徒を蚊帳の外にせず、**フォロワーとして育成する**ことが大切です。

学校は多忙であり、担任業務をしていると「手のかかる」生徒やリーダーとかかわる時間が増え、「手のかからない」（と教師が思っている）生徒とのかかわりが薄くなりがちです。しかし、学級の多数を占めるのは、「手のかからない」生徒たちです。そのような生徒たちをフォロワーとして育てることが、自治的な学級をつくる鍵になります。

生徒をフォロワーとして育てるために、リーダーへの理解と共感を広げるようにします。

次のように、リーダーとフォロワーの間で「あり方」と「やり方」の共通理解を図ります。

- **・リーダーの「あり方」を共有する**…リーダーの苦労や努力する姿勢への共感
- **・リーダーの「やり方」を共有する**…リーダーの方針と方法への納得

一点目は、**リーダーの人間性への共感**です。フォロワーは、リーダーの人間性に共感し、リーダーが自分を大切にしていると感じた時に「このリーダーならついていきたい」という思いを強くします。学級リーダーの苦労や努力を取り上げて全体に伝わるようにするのは、教師の役目です。リーダーの行動の裏にある思いにスポットライトを当てましょう。

二点目は、**ビジョンとプロセスを共有する**ことです。「どんな目標を達成するために、どのような方法で活動するのか」について、フォロワーの納得を目指します。その際は、原案の構想や活動内容の決定をリーダーだけで行わずに、フォロワーとなる生徒が参加するようにします。内容だけではなく、手続き面での公正さを保障しましょう。フォロワーとリーダーの協力関係が深まると、フォロワーはリーダーの見ている世界を理解します。それは、フォロワーの成長につながります。

フォロワーが成長してリーダーとなる

フォロワーの意欲と技量が高まれば、次のような段階を踏んで権限を託します。

①指示中心…学級リーダーからフォロワーへの活動内容の指示・伝達を重視する
②参加中心…フォロワー間の連携を組織化して活動の自由度を高める
③参画中心…活動内容に加えて、細かな目標の設定をフォロワーに託す

指示から参加、そして参画へとフォロワーの成長に合わせて選択肢を広げ、権限を増やします。フォロワーたちが成長すると、リーダーと協働して自治的な活動が行えるようになります。ただし、①から③に進むにつれて、フォロワーの自由度は高まりますが、計画から行動のスピードは遅くなります。活動内容に応じた使い分けが必要です。

すべての生徒がリーダーになるわけではありません。しかし、今の学級でリーダーとならなくても、**フォロワーとして活動に参画した経験が、別の機会や集団でリーダーを目指す動機になる**かもしれません。将来を見据えて、リーダーとフォロワーを育てましょう。

第４章

時期別「学級リーダー」の育て方

01

1学期

安定した土台と安心できるマットを整える

4月から夏休みまでの期間は、学級の基礎を固める時期です。学級リーダーの育成についても基礎を固めることを目指します。ただし、リーダーを特定の生徒に固定するわけではありません。多くの生徒がリーダーの役割に興味をもち、挑戦したくなる仕組みと仕掛けを整えます。キーワードは、安定感と安心感です。

住宅でいえば、地盤に杭を打って家を安定させたり、柱を立てるためのコンクリートの基礎をつくったりするようなイメージです。ただし、コンクリートのように硬いだけの基礎では、リーダーは失敗を恐れずに挑戦できません。**硬さと柔軟さを併せもつ仕組み**を整えます。リーダーが力を入れて踏ん張ることができる丈夫な土台と合わせて、失敗しても支えてくれる柔らかなマットを用意します。具体的には、次の通りです。

・**安定した丈夫な土台**…学級リーダーの意義と役割を学級全体で共有する
・**安心できる柔らかなマット**…教師がリーダーを支える方法を整える

まずは「安定した丈夫な土台」をつくるために、学級リーダーとして活動する意義を学級内で共有します。教師がリーダーとなるのではなく、生徒がリーダーとして学級づくりに参画することで、学級に自治的な要素が高まります。学校では生徒による完全な自治が不可能であるからこそ、場面や時期によって自治性を高めることの大切さを生徒と共有します。**教師だけによる学級経営ではなく、教師と生徒の共同経営**を目指します。

学級リーダーの意義を明確に打ち出すのと並行して、学級リーダーの役割を確認します。具体的には、場面によってリーダーは変わること、公的なリーダーと私的なリーダーがあること、目標達成に向けて方針を出して方策を練って決断に責任をもつことなどです。このように学級リーダーの意義と役割について共通理解を図り、リーダーが活躍することを学級の「当たり前」にしましょう。そうすると、リーダーとなることの心理的なハードルを下げ、挑戦をおそれない雰囲気が学級に広まり、リーダーの候補が増えていきます。

つまずきや失敗を想定してヘルプの出し方を決めておく

次に、「安心できる柔らかなマット」を用意します。サーカスのセーフティネットというより、走り高跳びや棒高跳びのセーフティマットのイメージです。使わないことが多いものの、**万が一に備えるというより、毎回使ってケガや事故の予防に努める**からです。リーダー育成におけるセーフティマットとして、次の三つを整えます。

・「リーダーあるある」を考えて、つまずきをシミュレートする
・「よくある失敗」を確認して、うまくいかない時の対処方法を考える
・「ヘルプの出し方」として教師に頼る基準を明瞭にして、頼る手順を明確にする

一つ目は、リーダーにありがちな**つまずきを想定する**ことです。「リーダーになって仕切る姿を想像すると、どんなことで困りそうかな?」と問い、シミュレーションをします。

二つ目は、リーダーの**よくある失敗を事前に把握する**ことです。生徒が指示に従わないことなどはよくあります。リーダーを差し置いて仕切りたがる生徒もいます。教師とうま

くいかないこともあります。これらの失敗例を示して、予防や対処の方法を考えます。

このように、リーダーとしての見通しを立てると不安が軽減されます。学級では想定外のことが起こりますが、シミュレーションの経験は想定外のことにも生かせます。

最後の三つ目は、リーダーが**担任や他の教師に頼る時の基準と手順を決めておきます。**例えば、いじめや事故などの重大な事態が危惧される時は、教師が必ず介入することを約束します。また、リーダーが教師に助けを求めたい時のサインを決めたり、相談に乗る時に内容によって場所を変えたりするなど、リーダーが困った時の支援の方法と流れを確認します。私の経験では、言葉での相談だと他の生徒の目が気になる時には、家庭学習ノートにリーダーとしての悩みを書いて、やり取りをしたこともあります。学級リーダーはやりがいのある立場ですが、大きな重圧がかかります。セーフティマットを用意して、安心感を高めましょう。万が一の備えがあるとわかれば、生徒は前に出ることができます。

1学期のリーダーは失敗する

リーダーが活躍する土台をつくって、生徒の中からリーダーが選ばれ、そのリーダーを中心に生徒の手で遂行すべきことを決めたとします。しかし、実行に移すと、多くの場合でリーダーの思い描いた通りには他の生徒は動きません。失敗と言えますが、新しい学級ができて間もない頃なら、うまくいかないのは当たり前です。**うまくいかない時に、教師が一緒になってリーダーと原因を分析して改善策を練る**ことで、リーダーを育成しましょう。次のような視点で分析します。

- **目標設定の問題**…目標が高すぎたり、目標が遠すぎたりしないか
- **方法の問題**…人手が足りなかったり、活動の期間が短すぎたりしないか
- **情報の問題**…成功するために必要な情報があり、その情報を共有しているか
- **気持ちの問題**…リーダーに協力し、学級に貢献する意識があるか

これらの問題は相互に絡み合って重なっています。分析しながら、最優先で解消すべき問題や、重点的に力を入れるべき問題を発見しましょう。

判断が難しいのは、表面的に成功したように見えるケースです。蓋を開けてみれば、リーダーがかなり努力と辛抱を重ねていたり、他の生徒が気を遣って本意ではないのにリーダーに従っていたりします。無理がかかっている状態なので、最初はよくても長続きしま

せん。リーダーに我慢の限界が来て爆発するか、他の生徒がフォローをやめて非協力的になります。特に学級ができてすぐの４・５月はリーダーも他の生徒も無理をしやすいものです。**一見うまくいっているように見える時こそ、いったん立ち止まってメンバーの声を聞きましょう。**

リーダーへの立候補を教師が否定しない

学級編制の時に、教師側はリーダーになりそうな生徒を想定していることが多いと思います。しかし、実際に学級委員や行事のリーダーを決めると、想定していた生徒が立候補せず、意外な生徒がリーダーに名乗り出ることがあります。

学級での影響力は、生徒の関係性によって変化します。以前はリーダーとして活躍した生徒でも、新しい学級では様子見をするのはよくあることです。または、過去の経験からリーダーになるのに嫌気が差していることもあります。

その一方で、リーダーに興味のある生徒が、思い切って立候補することがあります。その時に、担任として絶対に避けるべきことは否定的な態度です。「生活面に課題があるから」などの理由で立候補を取り下げるようなことをすれば、その生徒は教師と距離を取り、心を開かなくなります。また、他の生徒は「ああ、この先生は気に入った生徒しかリーダーにしないのか」と受け取り、担任への期待はしぼんでいきます。年度初めのかじ取りを間違えると、修正は大変です。**教師の都合でリーダーを選別してはいけません。**

教師の期待とは異なる生徒がリーダーに立候補した場合は、その生徒が秘めるリーダーシップを伸ばします。リーダーは「できる」生徒から選ぶのではなく、育てます。

また、学級リーダーは、学級に一人ではありません。タイプの異なるリーダーの協働を目指しましょう。例えば、委員長になった生徒が頼りないのならば、副委員長タイプのリーダーと助け合い、ミニ先生タイプが支えるようにします。

最初の行事で形を定着させる

私が勤務する地域では、春に体育大会や運動会があります。他の地域でも、1学期の内に学級単位で取り組む行事があると思います。最初の行事では、学級がリーダーを中心としたチームで動くため「形（かた）」を身に付けるようにします。

「形」とは、具体的には目標設定（勝ち負け以外の目標を立てる）や、活動の計画作成などの方法を定着させることです。ポイントは、**公正な手続きで目標や活動計画をつくること**

と、**各自の責任の明確化**です。

責任については、リーダーには決定する責任と、決定したことを実行する責任があります。他の生徒には、フォロワーとしての責任があります。多くの場合、学級としての結論が、自分が賛意を示したものになるとは限りません。しかし、公正な手続きによって決定し、決定の過程に参加した以上は、結果を受容することが大切です。

教師は、行事の準備にかかわるトラブルやつまずきを生徒が乗り越えるように支援します。リーダーに任せつつ、最終的な責任は教師が負います。行事の勝敗と成功は別物です。１学期の行事は、リーダーを中心として取り組む形ができれば、大成功です。

02

2学期前半

リーダーに任せる高さ・広さ・奥行きを最大化する

8月末から10月にかけての2学期前半（前期の後半）は、リーダーの活躍の場を最大化することでリーダーを育てます。活躍の場の最大化とは、次のように**高さ・広さ・奥行きのすべての面でリーダーが活躍する場を増やす**ことです。

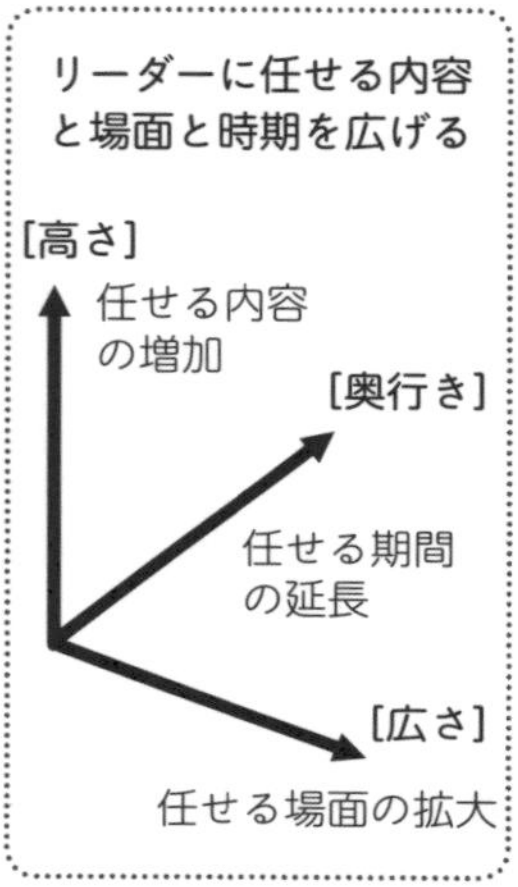

一つ目に、リーダーが活躍する場の「高さ」を上げます。リーダーが決める内容を増やします。

二つ目に、任せる場面を広げます。学級会や行事などの特別な場に加えて、日常の係活動、さらには授業でもリーダーが前に立つようにします。

三つ目に、リーダーに任せる期間を長くします。

場面の拡大と同じように、一日の中で教師が前に立つのではなく、生徒に任せる時間を増やします。複数の生徒が代わる代わるリーダーを務める方法や、逆に、一人の生徒が異なる場面でもリーダーシップを発揮する方法があります。行事のリーダーとして活躍した生徒が自信と周囲の信頼を集めて、行事の終了後に別の活動のリーダーとなるのは、よく見る光景です。

２学期の前半は、学級単位で取り組む行事が集まる時期です。小学校の学習発表会や中学校の文化祭があり、地域によっては秋の運動会や体育大会が行われます。行事をきっかけにして、**学級の自治のレベルを一気に高める**チャンスです。学級リーダーに任せる内容・場面・期間を最大化して、学級リーダーを育てながら学級全体を成長させましょう。

トラブルの数も最大化する

学級リーダーに任せる場面が増えると、生徒同士のトラブルが増える可能性もあります。例えば、合唱の練習をしていると、指示を聞かずにふざける生徒が出てきて、その様子を見て指揮者が泣く…そのような場面を目にするかもしれません。または、前に立つ機会が多くなったリーダーに対して、他の生徒が「調子に乗っている」と陰口を言い、同調する生徒が出てきて学級内の人間関係に亀裂が走ることもあります。このようなトラブルに対しては、次の三つの方法で対策をとりましょう。

- **トラブルの未然防止**…リーダーの限界とフォロワーの責任を明確にする
- **関係の修復**…教師や他のリーダーが仲介者となる
- **計画の見直し**…目標達成のための行動の許容範囲を見直す

一つ目が、トラブルの未然防止です。まず、リーダーの立場にあるとはいえ、生徒であることには変わりがありません。教師のようにはできない場合があるということを学級全体で確認します。その上で、リーダーがリーダーシップを発揮できない時には、他の生徒がフォロワーとして積極的に支え、生徒同士で助け合う必要があるという認識をもつようにします。ただし、リーダーの限界やフォロワーの責任という原則を事前に確認していても、トラブルは起きます。**トラブルが起きた時こそ、フォロワーとしての責任を問い、次のトラブルを防ぐ**という意識が大切です。

二つ目が、トラブルの当事者同士の関係修復です。基本的には、教師が事情を聞き取り、誤解を解いたり和解したりする場を つくるようにします。事情を聞く場合は、リーダーに過度に肩入れをすることは避けましょう。逆に、「リーダーなんだから、それくらい我慢しよう」とハードルを上げることもいけません。**役割や立場とは切り離して、生徒の率直な思いを聞く**ように努めます。

仲介の際には、まずは「一番気になった（腹が立った、嫌だった）ことは何？」と感情に目を向けます。次に「本当はどうしてほしかったのかな？」と要望を聞き、和解を目指します。そして、話し合いの最後には、当事者たちに「言い残しはない？」と確認することが大切です。

当事者以外のリーダーに仲介を任せる方法もあります。トラブルがこじれる危険性もあるので、どちらかに肩入れしないような中立的な立場のリーダーを選んだり、教師との情報共有をこまめに行ったりする必要があります。生徒同士での解決が成功すると、学級の自治的な力は大きく高まります。

トラブルの対策の三つ目は、計画の見直しです。トラブルを起こすのは一部の生徒であっても、原因を探ると生徒全員に無理がかかっていることがあります。目標や求める行動のレベルが高すぎると負担となり、それでもこなす生徒とできない生徒の間に溝が生じます。活動の内容や目標を見直して、「ほどよい負荷」を感じながら目標に近づくようにしましょう。特に、生徒一人一人の意欲や技能の差をふまえて、行動の許容範囲を広げることが大切です。**行動をがちがちに縛るのではなく、余白を多くしましょう。**

トラブルが起きないに越したことはありませんが、適切に対処できれば生徒は大きく成長します。トラブルと正面から向き合って、解決を通してリーダーを育てましょう。

選択肢を増やす

リーダーに任せる場面を増やすと、いつも同じような手順で活動の目標や内容を決めていることがあります。前向きに捉えると、話し合いの作法として定着していると言えます。しかし、よく見ると話し合いで発言するのは特定の生徒ばかりで、活動に積極的なのも一部の生徒だけである場合があります。リーダーが仕切っていて、生徒を中心とした活動は成立しているものの、学級全体としては活気に欠ける状態です。リーダーを中心とした自治的活動が硬直化し、活躍できる生徒が限られている点で問題があります。

硬直化を解消し、受け身な生徒を変えるためには、選択肢を増やす必要があります。そして、教師が選択肢を増やすのではなく、次のように生徒の手で選択肢を増やせるようにします。

・かかわるリーダーを増やして、多角的に判断する
・結論の導き方のパターンを増やして、多様な決め方をする
・決断の期限にとらわれず、優先順位を柔軟に変える

選択肢を増やす方法の一つ目は、複数のリーダーが前に立つようにすることです。任せる場面が増えた時に、リーダーが一人だと大きな負担となります。また、リーダーは効率的にこなすために前例踏襲が増えます。生徒にとっては新しさがなく、生徒主体の活動でもわくわく感がなくなります。

その対策として、**複数のリーダーが役割分担をしたり、場面によって交代したりする**方法が効果的です。例えば、委員長タイプのリーダーが全体に向けて方針を出し、活動の場面では副委員長タイプやミニ先生タイプのリーダーが前に立つなど、リーダー同士の連携の形をつくり、リーダーを組織化しましょう。リーダー同士のかかわり合いによって学級の課題が解決することを目指します。

選択肢を増やす方法の二つ目は、**結論の導き方のパターンを増やして、多様な決め方をする**ことです。複数の案が出ても、いつも一つに絞る形だと、「どうせ選ばれないから…」と案が減っていくことがあります。そこで、「合体」（意見を合わせる）、「追加」（ある案を中心として別の案のよさを加味する）、「盛り合わせ」（すべての案の規模を縮小して採用する）など、決め方を工夫します。また、一つの方法に絞る時も、条件を付けて合意を図ることで、様々な意見を出しやすくします。

リーダーの選択肢を増やす方法の三つ目は、優先順位を工夫することです。成果を出すまでの期限が迫ってくると、焦りが生じてきます。その時に、現状を分析して「あっちは後回しにして、この課題を最優先にする」や「ここは人が足りないから応援を呼ぼう」などと**優先順位を変更して対応する**ことが求められます。リーダーに余裕がなさそうに見えた時は、教師がすかさず声をかけて落ち着かせ、冷静に分析して対応するように促します。場合によっては、教師が助言してゴールの再設定を促し、生徒に無理がかからないようにします。「こうしなければいけない」という発想からリーダーを解き放ちましょう。

リーダーが飛躍できる場面や仲間を探す

２学期前半は、リーダーの活躍する場面を最大化することを目指しますが、担任としては「思ったよりリーダーが伸びない」と感じる時があるかもしれません。そんな時は、教師が特定のタイプのリーダーにこだわっている可能性があります。

学級リーダーには、様々なタイプがあります。ある生徒が委員長タイプとしては物足りなくても、実は行事などの短期間で成果を出すのが得意かもしれません。その場合は、指揮者・応援団長タイプの面を伸ばします。また、一人では活躍できなくても、他の生徒と一緒になると力を発揮するリーダーもいます。**リーダーが大きく飛躍できる機会やチームの姿を模索しましょう。**

03

2学期後半

日常の充実で勝負する

10月から12月にかけての2学期後半（後期の前半）は、惰性的な状況が課題となります。大きな行事が終わって、学級全体が「燃え尽き症候群」のようになることがあります。日常の活動についても、4月から続けてきたことがマンネリ化し、**本来の目的や目標を忘れて「なんとなく続けている」という状況**になりがちです。

惰性的な状況が続けば、学級はよい方向には変化しません。大きな学校行事に頼らずに、学級リーダーが中心となって仲間と協働する習慣を学級に根付かせましょう。日常の自治的な活動が充実するように、生徒主導の活動を積極的に行うことが大切です。

また、大きな行事がないということは、学級の裁量でイベントをつくるチャンスでもあります。日常を充実させつつ、オリジナルのイベントを学級リーダーを中心に考案して実行しましょう。

リーダー同士のかかわりでエージェンシーを養う

生徒が主導する活動に関連して、ＯＥＣＤでは**「生徒エージェンシー」**や**「共同エージェンシー」**という概念を提示しています。次のような内容です。

- **生徒エージェンシー**…変革を起こすために目標を設定し、振り返りながら責任ある行動をとる資質・能力
- **共同エージェンシー**…生徒、教師、保護者、コミュニティが共同して働くこと

（秋田喜代美氏らによる「OECD Future of Education and Skills 2030 Conceptual learning framework Concept note: Student Agency for 2030」の日本語仮訳から引用）

共同エージェンシーについては「太陽モデル」として0～8段階に分けられています。最高レベルの8は、若者（生徒）が企画を主導し、意思決定は若者と大人の共同で行われる段階とされます。

生徒エージェンシーは学級リーダーの資質・能力と重なります。２学期後半の学級経営は、個々の生徒エージェンシーを養うと同時に、共同エージェンシーの段階を上げるというビジョンをもつことが大切です。一つの学級の活動の中で、地域まで巻き込むのは難しいと思いますが、教師と生徒、保護者の共同を目指すことはできるはずです。

また、すべての活動で共同エージェンシーを高いレベルで行うことは現実的ではありません。教師が支援しながら、**生徒が主導する場面を少しでも増やして、生徒が主導する度合いを少しでも高める**意識をもちましょう。

教師と学級リーダーの立場は違いますが、意思決定の過程や企画運営の中で対等な関係を目指します。そして、教師と生徒が一対一で関係をつくるだけでなく、生徒が主導して活動できるように、リーダー同士やリーダーとフォロワーのかかわり合いを密接にします。特に、リーダー同士が対話して企画を立案して行動に移す仕組みをつくり、生徒主導の機会を増やすことが大切です。２学期後半は、生徒が他者と真剣にかかわって活動する機会を増やし、学級の現状を客観的に捉えた上で、よりよい学級を目指すようにしましょう。

企画を面白がるようにする

複数のリーダーがかかわり合って学級の運営にかかわり、生徒主導の企画を増やす方法として、**学級会と実行委員会方式を組み合わせる**ことを勧めます。次のような流れです。

①企画の立案…番長タイプやミニ先生タイプのリーダーが主導して、生徒有志が企画を学級全体に向けて提案する
②学級会での検討…委員長タイプと副委員長タイプのリーダーが進行し、優等生タイプのリーダーや番長タイプのリーダーが議論を主導して企画を練り、決断する
③実行委員会の結成…企画の発案生徒に加え、指揮者・応援団長タイプのリーダーが加わって実行委員会を結成して実行に向けた準備と調整を図る
④企画の実行…優等生タイプやミニ先生タイプのリーダーが他の生徒を助けながら企画を実行に移す
⑤企画の振り返り…リーダーが集まって課題と改善点を見つけ、次の企画に生かす

最初の企画の立案では、番長タイプのような学級での影響力の強いリーダーが、他の生

徒を巻き込んだ企画を提案することを期待します。また、生徒の中には学習面での企画（休み時間の教え合い週間や、登校後の朝学習など）を求める声が意外と多く見られます。おそらく、学校行事のような特別な場面だけではなく、普段の学習でこそ助け合いたいという意識が強く働くのだと思います。そのような時は、学習面のリーダーであるミニ先生タイプが活躍するチャンスです。

次に、学級会での企画の検討です。委員長タイプと副委員長タイプのリーダーが連携して議事を進行します。議論を大きく進める意見は、番長タイプのように発言力の大きい生徒や、優等生タイプのように信頼を集めるタイプから出されることが多いかもしれません。2学期後半になると、学級会の方法が定着するため、途中で担任が介入しなければいけない場面は、ほとんどないと思います。

学級会で企画の実行が決まったら、実行委員会にバトンタッチをします。複数のリーダーがメンバーに入って、実施に向けて人や道具を準備し、時間や場所の調整を図ります。短期間のイベントに強い指揮者・応援団長タイプのリーダーが音頭を取ると、急ごしらえのチームでも円滑な行動ができます。

準備ができたら、いよいよ企画を実行します。生徒全員が参加し、役割を果たせるように優等生タイプやミニ先生タイプのリーダーが他の生徒を支援しましょう。

最後は、企画の振り返りで、課題と改善点を見つけます。それぞれの段階で主導したリーダーが意見を出し合いながら、次の企画の構想へとつなぎます。なお、振り返りについては、企画が終わった時だけではなく、途中で随時行うようにすると、よりよい内容になります。

以上のような流れのポイントは、二つあります。一つは、学級会という学級内での公的な議決機関と、実行委員会という臨時の組織を組み合わせて、参加の裾野を広げていることです。もう一つは、企画の立案から振り返りまでの過程で、生徒の参加の形が多様であるため、**様々なタイプのリーダーが活躍しやすい**ことです。一つの例に過ぎませんが、生徒が他者とかかわり合いながら、生徒主導での活動ができるように工夫します。

教師は助言や支援に加えて、この時期には生徒との協働を意識します。一緒に準備をして、生徒と楽しむようにしましょう。生徒が学級リーダーとして成長していると、教師がリーダーとなる場面は減っていきます。リーダーに任せて教師は離れるのではなく、リーダーと**苦労を分かち合いながら、生徒と一緒になって企画を面白がる**ことが大切です。

学級のゴールを再設定する

２学期後半のリーダー育成について、共同エージェンシーの段階を高めるというビジョンと、学級会と実行委員会方式の組み合わせによる企画の創出という手段について述べてきました。このビジョンと手段をつなぐために大切なのが、ゴールとなる目標の設定です。学級目標を筆頭に、教室の中には様々な目標があります。行事の目標や係の目標、個人の学習目標と生活目標など、目標だらけです。「本当に必要な目標か」や「立てて終わりになっている目標はないか」などの視点からの検証をすべきです。特に、２学期後半に入ると、年度当初に決めた目標が風化しているおそれがあります。学級目標のように年間を通した目標だと、半年を残してすでに達成している場合もあります。

そこで、２学期後半には、学級の現状に応じた目標を再設定しましょう。ゴールをもっと高くしたり、別のゴールをつくったりします。ただし、ゴールが遠すぎると、見通しがもてなくなって達成への意欲が下がります。４月とは違って、この時期は学級の現状と課題がよくわかっているはずです。リーダーを中心にして、残りの期間で努力すれば達成できるような、**少し歯ごたえがあって、やりがいのある目標**を設定しましょう。

リーダーを引き継いで強くする

二期制の学校の場合、委員長などの公的なリーダーは10月で交替します。また、大きな行事が終わると、前に立つリーダーが自然と替わることもあります。

そこで、この時期にはリーダーの役割を上手に継承することが大切です。イメージとしては、ゲームのキャラクターを「強化」するように、**リーダーとしての経験を次のリーダーへ重ねます。**言葉による伝え方もあれば、フォロワーやサブリーダーとして行動で伝える場合もあります。個々の経験が学級の財産となるようにリーダー同士がかかわり合って引き継ぐようにします。

3学期

04

生徒による「学級の評価会議」で成長を確認する

1月から3月の3学期（後期の後半）は、学級のまとめの時期です。次のように、**成果や成長を確認して、進級や進学につなげます。**

- **個人の成果と成長の確認**…個人として学級のためにできた成果を振り返り、個々の生徒が伸ばせた力を確認する
- **学級の成果と成長の確認**…学級としての成果や目標の達成状況を振り返り、集団としてのよさを確認する
- **次への展望**…個人や集団のよさを次の学級や学校で生かすための見通しを立てる

ポイントになるのは、成果と成長を分けることです。成果は、具体的にできたという事実に着目します。その一方で、成長は成果を得る過程で伸びた力や、成果を積み重ねることで習慣化されたことなど、資質・能力に着目します。

成果については、事実を基に振り返りをします。学級で実際に起きたことや、行事の取組、学級で考えたオリジナルの企画や活動など、事実を根拠にして、複数の生徒が話し合って成果をまとめるようにします。委員長タイプのリーダーが中心となって、振り返りの機会をつくりましょう。

難しいのは、成長の確認です。資質・能力に着目するために、人によって基準がまちまちです。そのため、「私たちのクラス、成長できたよね！」というあいまいな表現でまとめをして終わることがあります。それでは、次につながりません。ただし、簡単に「よかった感」を出さないようにすることも大切です。

成長の確認には、何らかの基準が必要です。私の場合は、担任をもっていた最後の数年間は、田中博之氏が開発した「学級力向上プロジェクト」を活用し、年間４～５回ほど、同じ基準で学級の成長を評価する機会をつくっていました。生徒たちが学級の力を数値化して評価し、集計結果を基に議論できるからです。実践の説明と方法は、田中博之ほか編著『ＮＥＷ学級力向上プロジェクト　小中学校のクラスが変わる　学級力プロット図誕生！』（金子書房、二〇二一年）を参照ください。

ただ、学級力向上プロジェクトが常に最適な方法とは限りません。学級の実態によって適した評価方法は変わります。様々な先行実践の中から、学級に合った方法を選択すべきです。

また、学級独自の基準を生徒と相談しながら考えるのもよいと思います。学習では、ルーブリックを生徒と教師が一緒につくる方法があります。それを応用して**「学級ルーブリック」を生徒と教師が一緒になって考える**と、学級の自治のレベルがさらに高まります。

なお、評価の区分については、数値にこだわる必要はありません。例えば、「満足」「ＯＫ」「もうすこし」などの三段階で個人や学級の成長度合いを評価する方法や、目標への到達度を「富士山レベル」「エベレストレベル」「火星のオリンポス山レベル」などのたとえで表す方法もあります。数値かどうかよりも、**共通の基準で成長を捉えようとする**ことが大切です。

個々の評価をしたら、その結果について話し合う場を用意します。個人の成長は自己評価の形になるので、結果や判断の理由を伝え合う場になります。

そして、学級の成長に関する評価は、複数の生徒が評価者となるため、結果や理由付けにずれが生じます。生徒が学級のどの面を見て、どのくらい肯定的もしくは否定的に捉えるかは、個々の経験や価値観に左右されるからです。

個々の評価にずれがあると、対話の動機が高まります。そこで、３月には委員長タイプのリーダーが主宰する形で**「学級の評価会議」**を開きましょう。学級の成長について生徒が意見を交わすことで、多面的・多角的に学級の成長について考えることができます。

学級への愛着を呪いではなく魔法にする

３学期の時期に気を付けたいのは、今の学級への過剰な愛着が４月からの生活に悪影響を与えないようにすることです。学級で一年間の歩みを振り返る中で、達成感が高まるほどに学級への愛着が湧き、仲間と離れ離れになることを惜しく感じるものです。その思いが暴走すると、進級や進学後に「前のクラスの方がよかった」という気持ちになってしまいます。

過去を振り返って嘆くのではなく、「前のクラスの方がよかった…でも、今のクラスをもっとよいクラスに変えよう！」と前向きになる生徒を育てましょう。そのために、３学期の内から4月を見据えた活動を取り入れます。目指すのは、誰が担任でもリーダーシップを発揮することです。また、新しい学級でリーダーシップを発揮することが、生徒一人では荷が重いかもしれません。そのような時は、**他のリーダーとかかわり合うことで乗り越えて、リーダーとして輝く**ことができるようにします。今の学級での達成感を呪縛とせずに、より自治的な活動をするための魔法にしましょう。

リーダーのタイプを変えて対応力を磨く

新年度に向けて、3学期の内に変化に対応する「慣らし」の場をつくります。その方法は、次の二通りがあります。

- **担任が替わることへの慣らし**…担任ローテーションを実施する
- **リーダーのタイプを変えることへの挑戦**…学級リーダーの役職を期間限定で変える

一点目は、学級担任を一時的に交替する方法です。複数学級の学年であれば、学年の中で、日替わりで担任をローテーションします。単学級であれば、他学年の担任とローテーションする方法や、担任と副担任が入れ替わる方法があります。交替する内容については、朝の会や給食、清掃指導だけの場合もあれば、学活や道徳も入れ替わる方法もあります。

担任ローテーションをすると、「代わりにきた先生を助けよう」と考える生徒が増えます。特に学級リーダーは**「自分たちで学級の仲間を動かそう」という意識が強まります。**この経験が、新しい学級になった時に「自分たちでクラスをよくしよう」という姿勢へつながります。

また、教師側にとっては一つの学級だけではなく、学年や学校として生徒に任せる機会ができます。学年や学校の状況にもよりますが、可能であれば年度当初の計画段階で、３学期には担任ローテーションを組み込みましょう。そうすると、学校体制として、先を見通しながら生徒の自治性を育もうとする意識が高まります。

新年度に向けた「慣らし」の二点目は、学級リーダーのタイプを変えることへの挑戦です。例えば、委員長の職務を副委員長や、優等生タイプのリーダーに１週間だけ任せる方法があります。また、指揮者・応援団長タイプや番長タイプのリーダーに授業の中での話し合いや発表を任せるなど、これまでとは異なる場面でリーダーシップを発揮する機会を増やします。そうすると、新たな適性が見えてくるものです。もしうまくいかない時は、他の生徒が役割を補うはずです。

新学期には、メンバーの構成や雰囲気によって、異なる役割を期待されることがあります。**慣れた環境で新しい役割を試しておくと、新しい環境で挑戦しやすくなります。**新学期には、期待と不安が入り混じります。それは、リーダーだった生徒も変わりません。そこで、3学期の内に、今の学級の一年間で成し遂げたことを振り返り、新しい挑戦への自信がもてるようにしましょう。そうすれば、リーダーは「もし新しいクラスで困っている仲間がいたら、私が手を差し伸べる」と思えるようになります。そして、クラス替えの後に一歩を踏み出す勇気が出ます。

第5章

場面別「学級リーダー」の育て方

01

日常場面 授業

授業でリーダーと学級を育てる

学級では活動の場面や学級の状況によって、リーダーシップを発揮しづらくなることがあるものです。その時に、異なるタイプのリーダーが学級にそろっていると、教師主導にしなくても生徒の力で活動を進めることができます。または、一人のリーダーが普段とは異なる形でリーダーシップを発揮すると対応できます。場に応じて柔軟にリーダーシップを発揮できるようにリーダーを育てましょう。

ここでは、授業における学級リーダーの育て方について取り上げます。学級経営と授業力は、密接にかかわります。「授業づくりは学級づくり」というのは、学級経営の基本です。特に、最近は教科担任制が中学校だけではなく、小学校でも広がりつつあります。そうすると、教科担任は各教科の授業で複数の学級づくりに関与し、学級担任は様々な教科担任が授業をしても対応できる学級をつくることが求められます。

授業で学級を育てる要になるのが、学級リーダーです。**授業の中で、様々なタイプの学級リーダーが活躍できる場面をつくるようにします。**教科の違いや教科担任によって、授業のスタイルは変わります。同じ教科担任の授業でも、学級によって授業は変わります。

そのような状況に対応するために、異なるタイプの学級リーダーがかかわり合う場面を授業で設定します。また、一人のリーダーが複数のタイプのリーダーシップを発揮できるように育てます。授業でのタイプ別のリーダー育成の基本は、次の通りです。

- **ミニ先生タイプ**…学習が苦手な生徒や無気力な生徒を見捨てずに学びへといざなう
- **優等生タイプ**…学習の結果ではなく過程で他の生徒のモデルとなる
- **委員長タイプ**…学級会などよりは一歩下がった距離感で仲間をまとめる
- **副委員長タイプ**…人間関係の調整力を発揮して他者とつながる接着剤となる
- **番長タイプ**…裏のねらいを共有して力を借りる
- **指揮者・応援団長タイプ**…行動力を生かして授業の流れを変える

ミニ先生と優等生を頼りにする

授業の場面で最も頼りになるのは、ミニ先生タイプのリーダーです。ミニ先生タイプのリーダーは、粘り強さや伝える力に長けています。その力を生かして、**学習に苦手感をもっている仲間を見捨てずに、学習に巻き込む**ことを目指しましょう。

注意点としては、ミニ先生タイプのリーダーと他の生徒に「教える―教わる」という関係が固定化することがあります。それは、チームで学ぶ状態とは言えません。また、一種の上下関係ができて、授業以外の場面で悪影響を及ぼすおそれがあります。

対策としては、例えば、異なる内容を調べた生徒でグループを構成したり、対話の中で質問や評価の場面を取り入れたりするなど、生徒が対等な関係で協力できるように学習展開を工夫しましょう。対等な関係の中で、ミニ先生タイプは他の生徒を先導し、学習目標に生徒全員が到達することに貢献するはずです。

次に、優等生タイプのリーダーです。授業で心配されるのは、優等生タイプの生徒が「答えを言う人」として扱われることです。グループで対話や作業を進めていると、学習に苦手意識をもつ生徒や、無気力な様子の生徒が、優等生タイプのリーダーに丸投げにしようとすることがあります。優等生タイプのリーダーは、丸投げをされても一人でやり遂げる力があります。しかし、それでは集団で学びを深めることはできません。

また、一斉学習で挙手の少ない学級の場合、優等生タイプのリーダーが空気を読んで手を挙げて答えることがあります。特定の生徒にばかり頼る授業では、他の生徒が傍観者になってしまいます。

そこで、授業では優等生タイプのリーダーの学び方に焦点を当てます。**答えを言うことよりも、答えを出す過程が他の生徒のモデルになるようにします。**そのために、優等生タイプのリーダーに「この考えは、どんな方法で導き出したの？」や「どのデータに注目したの？」など、方法に目を向けた問いかけをします。教師が方法に目を向けた問いを繰り返すと、生徒も次第に真似をするようになります。

優等生タイプのリーダーにとっては、自身の学び方を共有する方法で他の生徒を助け、学級に貢献することができます。その経験が自信となって、学習以外の場面でも正しいと考えることを貫く強さを発揮できるようになります。

このように、教わる側だけではなく、教える側にも意味のある関係づくりが大切です。担任としては、学び合う意味を問う場を用意しましょう。

対話では委員長と副委員長を遠慮させない

委員長タイプや副委員長タイプのリーダーは、学級会や班長会議などの生徒が主導する活動のリーダーです。しかし、授業中に存在感がなくなるリーダーもいます。学級全体に影響を与える力があるのに、授業中に活躍の場がないのは、もったいないことです。

ただし、「委員長なんだから授業中もがんばれ！」と叱るのは避けましょう。委員長タイプの生徒は、リーダーとして他の生徒のために動く場面が多い分、授業中は自分のことに専念したいと思っているかもしれません。逆に、「ぼくは委員長だけど、社会は苦手だから…」と遠慮をしている可能性もあります。

そこで、委員長タイプの場合は、学級会などよりは一歩下がった状態でリーダーシップを発揮できるようにします。例えば、グループ討議の進行はミニ先生タイプに任せつつ、委員長タイプは脱線しそうになった時の修正や、結論の出し方の助言に努めます。また、授業のゴールを確認し、現状の課題を明らかにするなど、先を見通すように促します。

このように、**委員長としての経験を生かして、他のリーダーを補佐する**方法があります。その結果、ゴールに向けて突き進むだけではなく、他の生徒をアシストする力が磨かれます。委員長の役割とは別の面でリーダーとして成長できます。

副委員長タイプのリーダーの場合は、持ち前の調整力を授業で発揮できるようにしましょう。特に、グループでの活動が停滞した時や、対話が沈黙した時は、**副委員長タイプのリーダーが潤滑油の役割を果たすようにします。**副委員長タイプが主導して、活動の内容や生徒の役割分担を見直すようにします。対話の流れが悪い時は、発言者を変えたり、質問を挟んだりします。そうすると、グループの動きが活性化されます。

また、副委員長タイプのリーダーは、授業で接し方が難しい生徒とつながりをもつことも大切だと考えます。例えば、非協力的な生徒に対して、問い詰めて無理やり参加させるのではなく、まずはその生徒の事情を尋ねます。そして、その生徒の困り感の解消のために、ミニ先生を紹介するといったつながりです。あるいは、あえてそっとしておいて、タイミングを見て参加するように呼び掛ける方法もあります。

無気力に見える生徒に対して、教師が指導すべき時はたくさんあります。ただし、指導によって生徒が委縮し、雰囲気が凍りついて学習の流れが変わってしまうこともあります。そこで、教師が介入しなくても大丈夫と判断できる状況なら、副委員長タイプのリーダーの力を借りるのも一つの手です。生徒同士をつなげる接着剤として力を借りましょう。

前で引っ張るリーダーと裏で支えるリーダーを育てる

指揮者・応援団長タイプのリーダーは、授業では前向きな反応や行動を通して他の生徒によい影響を及ぼしてくれます。リーダーが教師の発問やゆさぶりに反応し、歯ごたえのある課題に対して前向きに取り組むと、他の生徒も「ノッて」くる可能性が高まります。

そこで、教師はリーダーに向けて**追加・発展の課題を用意して、好奇心を刺激しましょう。**例えば、生徒が見落としていることを指摘して「これを踏まえたらどうなるかな?」と発問すると、指揮者・応援団長タイプのリーダーはさらに深く考えようとします。その姿に、周囲の生徒は刺激を受けます。行動力を生かして授業の流れを変えましょう。

指揮者・応援団長タイプのリーダーが前に立つ一方で、裏で力をもつのが番長タイプのリーダーです。番長タイプに対しては、授業の裏の目標を共有することを試します。裏の目標とは学習目標ではなく、授業における生徒の関係づくりなど学級経営上の目標です。

番長タイプのリーダーは、子どもが秘密基地をつくるように、教師から離れたところでリーダーシップを発揮します。その特徴を生かして、**教師と秘密を共有する**ようにします。「秘密の目標」として、教師の意図をさりげなく打ち明けます。例えば、「実は、この課題は一人でもできる人は多いんだけど、みんなの仲を深めるきっかけにしてほしいからグループで取り組むんだ」などです。公にしても問題のない内容ですが、「秘密」という形にする仕掛けを通して、番長タイプのリーダーの力を借ります。

授業に限らず、生徒は教師の言葉や行動の裏にある意図を読み取ろうとします。特に番長タイプのリーダーは、教師と距離を取り、言葉を額面通りには受け取りません。そこで、裏の目標を正直に伝えることに価値があります。「え、この先生ここまで言っちゃうんだ。面白いかもしれない」と生徒が思えば、教師を見る目が変わり、リーダーとして協力するきっかけになります。

02

日常場面

係活動・当番活動

係活動と当番活動の目的の違いを理解する

小学校でも中学校でもおなじみの係活動と当番活動ですが、二つの違いについて確認します。『小学校学習指導要領（平成29年告示）解説　特別活動編』によれば、次のような違いがあります。

- **係活動**…学級内の仕事を分担処理し、児童の力で学級生活を楽しく豊かにすること
- **当番活動**…学級全員で分担する清掃や給食、交替しながら行う日直、飼育、栽培等

どちらも学級内で子どもが分担して行う活動です。違いは、当番が学級全員で分担・交替する活動であるのに対して、係活動は「学級生活を楽しく豊かにする」ために行う点で

す。係活動については「教科に関する仕事や教師の仕事の一部を担うような係にならないようにする」という留意点も示されています。それぞれの役割を考えると、**当番活動は学級での生活に支障を生じさせないための活動であり、係活動は学級での生活をよりよくするための活動である**と考えられます。マイナスにしないのが当番活動、プラスにするのが係活動と言い換えることもできます。

なお、中学校については、学習指導要領の解説を読むと「係活動」という表現がありません。その代わり、学級活動(1)の解説として、次のような表現があります（引用は『中学校学習指導要領（平成29年告示）解説　特別活動編』から）。

> イ　学級内の組織づくりや役割の自覚
> 学級生活の充実や向上のため、生徒が主体的に組織をつくり、役割を自覚しながら仕事を分担して、協力し合い実践すること。

生徒が主体的につくる組織が、小学校でいう係に当たると考えられます。ただし、中学校では活動を学級内に留めずに、生徒会活動と連携して全校へ広げることが期待されます。

以上のように、**学級や学校をよりよくする活動を活性化するためには、係活動と当番活動の違いを押さえた上で、学級リーダーが活動の中心となる**ように成長することが大切です。次のように、タイプ別にリーダーが役割を分担して協力できるようにしましょう。

- **ミニ先生タイプ**…係活動・当番活動の現状を分析する
- **番長タイプ**…目の付け所のよさを生かして学級の課題を見出す
- **委員長タイプ**…課題解決に向けて、活動の大きな方向性を示す
- **副委員長タイプ**…委員長タイプのビジョンを実現する手段を構想する
- **指揮者・応援団長タイプ**…係活動・当番活動に楽しさを加えて仲間を巻き込む
- **優等生タイプ**…行動力と継続力を生かして係活動・当番活動を定着させる

係活動・当番活動は、学校が決めた内容を単に消化するだけになると、つまらないものになります。生徒がリーダーシップを発揮しながら、生徒全員が学級の一員としての役割を自覚し、活動を通して「自分はみんなのためになることをしている」という自己有用感を高めるきっかけをつくりましょう。

ミニ先生の分析力と番長の鋭さを生かす

係活動と当番活動は、日常的に行う活動のため、マンネリ化しやすいという問題があります。学期末などの限られた時期に見直す機会を設けても、形だけの反省が行われるだけで、行動につながらない場合があります。

そこで、**ミニ先生タイプのリーダーが中心になって、日常的に係・当番活動の現状を分析しましょう。**ミニ先生タイプは、リーダー以外の生徒と直接かかわることが多い立場です。一緒に係や当番の活動をする中で、ちょっとした問題や気になることが起きたら、改善のチャンスです。学習面のリーダーとして鍛えている分析力を、係・当番活動に応用します。気になる原因を分析し、委員長や副委員長タイプのリーダーに情報提供しましょう。

番長タイプのリーダーも、係・当番活動の改善に欠かせない存在です。教師と距離を取る立場だからこそ、忌憚のない意見を言えます。番長タイプのリーダーには、係・当番活動で「引っかかる」ことをどんどん発言するように促しましょう。活動の課題が見えてきます。発言後には、目の付け所の鋭さを認め、他の生徒に新たな気付きを与えてくれることに謝意を示しましょう。教師が番長タイプのリーダーの力を認めて尊重することで、番長タイプの生徒は学級のために協力的な行動を増やしていきます。

当番活動のA・B・C基準を考える

係・当番活動での委員長タイプと副委員長タイプのリーダーの役割は、制度設計です。二者が協力して、活動の目的や方向性を確認し、学級で継続できるような活動内容を考案します。前例踏襲を避け、意味のある活動を目指します。

委員長タイプのリーダーは、係・当番活動の目的を確認して目標を設定する中心となります。そのために、**係・当番活動の目的や、満足のいく活動のレベルについて考える機会を教師がつくり、その場を委員長タイプに任せましょう。**

過去に担任した学級では、学活の時間を使って「こんな当番は嫌だ」という実践をしました。指揮者・応援団長タイプの生徒のアイデアを採用して、進行は委員長タイプのリーダーに任せました。「最悪な掃除当番を答えなさい」「こんな給食当番は嫌だ」と、あえて悪い例を想像します。様子を見ていると、大喜利のようになっていきました。給食当番であれば、「盛り付けの間に給食時間が終わる」「当番が人の好き嫌いで盛り付ける量を変える」などの意見が出ました。その結果、当番活動が不十分である基準（学習で言えばＣ基準）が明確になって、その基準を学級で共有できました。

そこから、今度は逆に十分に満足できる基準（A基準）を考えました。生徒からは「速さと丁寧さの両立」や「（各自がランチトレーを持っていく方法のため）食べる人とコミュニケーションをしながら盛り付ける」「盛り付け中はマックのようにスマイルできる余裕をもつ」などの意見が出ました。基準というにはあいまいさが残る内容ですが、委員長のリーダーシップの下で、よりよい当番活動の姿を共有できました。このように、活動の目的を問い直し、進むべき方向性を示す役割をリーダーに託しましょう。

委員長タイプが示した方向性を受けて、副委員長タイプのリーダーは、**生徒が動きやすいように活動の修正を図ります。**活動を変更する場合は、担当の生徒との調整が必要です。また、新しいことをする時は、事前のシミュレーションが必要です。ミニ先生タイプや優等生タイプのリーダーの力を借りて、活動の修正によって本来の目的に近づくのかどうか、事前に検証します。委員長タイプが示した理念を具現化して、行動につなげましょう。

係活動を考案したり、当番活動を修正したりした後は、分担した役割の計画や成果を学級で共有することが大切です。「やりっ放し」で終わらないように、「もっとよい方法はないだろうか」という意識をもって、活動の改善を続けましょう。

効率化と面白さを追求する

係・当番活動は生徒が時間と手間をかけて行うものです。義務感や責任感だけでは、やる気が続きません。そこで、優等生タイプのリーダーが行動で模範を示すことは大切ですが、それだけでは不十分です。フォロワーとなる生徒たちが動きやすい環境づくりも整備しましょう。次の二点を大切にします。

- 係活動では、面白さや思い付きを尊重する
- 当番活動では、停滞する原因の解消や代替方法を検討する

係活動は必須の活動ではなく、生徒の創意工夫を発揮する場です。断じて、教師の仕事の下請けではありません。**思い付きや遊び心を活動に生かしましょう。**思い付いたことを飲み込まずに、その場に出せる学級の雰囲気や生徒同士の関係性が大切です。躊躇している生徒がいたら、指揮者・応援団長タイプのリーダーが後押しをしましょう。または、リーダーが他の生徒に先駆けてアイデアを出して、雰囲気を和らげる方法も効果的です。

当番活動では、活動の障害になっている要因を探して取り除いたり、別の方法で代替したりすることも大切です。優等生タイプのリーダーが継続する中で、活動に支障を感じる点を見つけるようにします。優等生タイプでも困る内容であれば、他の生徒にとっては大きなハードルになっているおそれがあります。解消を図りましょう。

係・当番活動は多くの生徒の参加があって成り立ちます。それぞれの生徒ができることやしたいことを考えて、少しずつ学級に貢献するようにします。**学級の全員が消費者ではなく生産者**という意識をもち、完璧を求めずにお互いを補い合って、楽しく活動できるようにしましょう。

03

日常場面 学級会

学級会を生徒のものにする

学級会は、**集団としての意思決定の最も重要な手段**です。リーダーを中心とした生徒の自治的な活動の要となります。委員長・副委員長タイプのリーダーは議長団の核として、議事の準備と進行を務めます。他のタイプのリーダーたちは、原案づくりや質疑、決定事項の実現などで存在感を発揮します。しかし、実際は次のような学級もあることでしょう。

- 学級会の回数が極端に少ない、もしくは開かれない
- 学級会の方法が固まらず、生徒も担任も学級会の進め方をわかっていない
- 学級会が教師主導で行われて形骸化し、リーダーは原稿を読むだけになっている

私の経験ですが、かつて、ベテランの先生が「学級会のやり方って、正直よくわからないな」とつぶやいていました。学級会のイメージや進め方は、意外とバラバラです。そこで、教師と生徒が**学級会の目的を理解し、学級会の手続きを確立する**ことが不可欠です。学習指導要領の解説には、「学級や学校における生活づくりへの参画の学習過程」として、「①問題の発見・確認→②解決方法等の話合い→③解決方法の決定→④決めたことの実践→⑤振り返り」という手順が例示されています（『中学校学習指導要領（平成29年告示）解説　特別活動編』より引用）。私の場合は少しアレンジして、次の手順を基本形にします。

①議論の目的と目標の共有…問題意識に沿った議題を設定する
②解決につながるアイデアの共有…複数の案をシミュレーションしながら比較する
③解決案の決定と合意形成…解決案と実行する時の手順・分担について合意する
④決定した取組の実行と振り返り…こまめに振り返りながら取組を改善する

この①～④の手順で学級会を進める時に、タイプ別のリーダーが活躍するように後押しをします。学級会は生徒のものです。教師は裏方として生徒を支えましょう。

投稿とクチコミで声を集めて議題にする

学級会の手順の①は、目的と目標の確認です。学級の全員が「なぜ学級会を開く必要があるのか」ということについて理解できるようにしましょう。議題は、生徒の要望から設定するのが原則です。最初の一回だけは、学級会のやり方を身に付けるために、教師が提示してよいと思います。私の場合は、第一回の学級会では学級目標を決めます。二回目以降は、生徒の問題意識に沿った議題を設定します。

生徒は問題意識を感じていても、教師に届く形で声を上げるのは稀です。学級の問題が放置され、教師が気付くのは手に負えない状況になってからということもあります。そこで、教師の方から生徒の声を聞くためのチャンネルを開設します。具体的には、次のように、投稿型・クチコミ型の二つの方法を勧めます。

一つ目は、「投稿」型で、**生徒の声を集めて議題にする仕組みを整える**方法です。定期的にアンケートを取って学級の課題について意見を求める方法や、教室に学級会コーナーをつくり、誰でも希望する議題の案を出せるようにする方法があります。声を出す手段があることで、学級に対する思いを形にしやすくなります。

二つ目は、「クチコミ」型です。**リーダーを介して、生徒たちの声を集めます。**委員長タイプや副委員長タイプのリーダーには、「他の生徒が学級に対する要望や心配を口にしていたら、詳しく聞いてほしい」と教師から伝えます。政治家が有権者の生の声を聞くように、リーダーが他の生徒の声を聞く役割を務めます。

生徒の中に学級への不満がくすぶっている場合は、番長タイプのリーダーが適役です。教師が雰囲気を察して、番長タイプのリーダーに探りを入れます。そして、学級会で取り上げるべき議題かどうか、番長タイプのリーダーに判断を任せましょう。

学級会のよさは、生徒にとって切実性のある問題と向き合うことにあります。このように、生徒の声を拾い上げて学級の問題として取り上げることで、生徒は学級の一員としての所属感を強くします。

リーダーが議論をよりよい方向へ変えていく

学級会の手順の②は、解決につながるアイデアを共有することです。課題を解決し、目的を叶えるために必要なことを実行案や解決案として形にします。これらの案は事前に準備をして提示します。職員会議の資料を事前に配るのと同じです。

学級会では、事前に示したアイデアについて、提案者が要点やこの案を実行すべき理由を説明します。他の生徒が納得できるように、論理的な説明を心がけます。説明の根拠が弱い場合や、参考にしたデータの解釈に誤りがある場合は、ミニ先生タイプのリーダーが学習での経験を生かし、口火を切って質問をしましょう。妥協のない議論に結び付きます。

すべての案について提案者から説明が済んだら、案を比べてよい点や危惧される点（心配な点）を考えます。学級会での議論は、切実性のあるテーマであるはずなのに、解決案を検討する段階だと実現性に乏しい案が出されることがあります。そこで、**実行した場合のシミュレーションを行うと、議論がはかどります。**その時にも、ミニ先生タイプのリーダーが率先して議論を進め、想定外の状況をできる限り減らすようにしましょう。

また、質疑応答の際には、生徒が意見を言いやすい雰囲気づくりが大切です。言いやすさをつくるのは、周りの聞く姿勢です。学級会を進行する委員長と副委員長は、発言中の私語や不規則発言を注意し、聞き手の生徒たちが温かく、時には熱く反応する環境を整えましょう。集中した中で論理的な意見が交わされると、学級会は白熱します。

議事を進めていると、議論が停滞する時や、逆に活発すぎて収拾がつかない時がありま す。停滞を感じたら、優等生タイプのリーダーに発言を任せましょう。議論の流れを修正してくれるはずです。また、発言力のある番長タイプや指揮者・応援団長タイプのリーダーに話を振って空気を変える方法もあります。

議論が白熱しすぎる時は、論点を絞りましょう。委員長タイプのリーダーが「今日の議題のねらいに沿って考えると、この意見の中で特に重要な部分はどこでしょうか？」と発言し、**ゴールと方向性を示して議論の収拾を図ります。**意見の対立が続く場合は、「譲歩できることはないですか？」と問い、お互いに歩み寄るきっかけをつくります。

学級会の議論では、様々なことが起きます。教師は参加者による議事の妨害行為や人権侵害につながる発言を除き、介入を避けます。その代わり、事前の打ち合わせを綿密に行い、想定されるつまずきと対処方法を考えておきます。本番は、リーダーに任せます。

委員長が覚悟をもって決断する

学級会の手順の③は、解決案の決定と合意形成です。それぞれの案について、内容や理由、負担などの視点から優先順位をつけます。そして、決め方を決めます。議論が盛り上がるほど、生徒は自分が支持する意見に執着することがあります。十分な議論の上で決議を行い、「自分の案は採用されなかったけれど、満足だ」と思えるようにしましょう。

まとめ方には、一つに絞る、複数の案を合わせる、A案にB案を追加する、規模を縮小してすべて行うなど様々な形があります。また、決定事項に対して条件を付ける方法や、実行の順序を決める方法もあります。学級会に慣れてくると、質疑の中でA案とB案を掛け合わせたC案が生まれる時もあります。議論の推移に合わせて、決め方を選択します。

なお、中学生の場合、誰も傷つかないような結論を求めるのか、複数の案の組み合わせにしたがる傾向があります。しかし、合体することが目的化すると、よりよい決定ができなくなります。目的に応じて、思い切って一つの案に決断するのもリーダーの仕事です。委員長タイプのリーダーが覚悟をもって決断しましょう。議論を尽くし、決め方を丁寧に決めます。そうすると、**どの案が選ばれても、生徒たちは全員で解決案をつくり上げたと自負し、決定に納得できます。**このように納得感のある形で合意形成を図りましょう。

決議の後には、案を実行する手順を決めます。例えば、採用されなかったアイデアの発案者を実行するチームのリーダーにするなど、生徒の「人事」の配慮も大切です。副委員長タイプのリーダーが中心となって、人間関係や技能に合わせて人材を配置しましょう。

学級会の決定事項は責任をもってやり遂げる

学級会の手順④は、決定した案の実行です。大切なのは、評価と改善です。

学級会の議論の中でシミュレーションを重ねても、実際に始めるとうまくいかないことがあります。また、決めることに満足してしまい、取組の開始時には発案者以外の熱意が薄れていることもあります。そこで、リーダーが中心として取組を振り返り、改善点を探り、すぐに修正して実行しましょう。

また、実行する期間を決めることが大切です。期日を決めないと、惰性になります。**途中で何度もテコ入れをしながら、期日を迎えた時に成果を確認し、次の学級会へとつなげましょう。**

04

日常場面　すきま時間

すきま時間の全員の自由を保障する

　すきま時間とは、学級全体での活動のすきまにある、準備や休息のための時間です。登校してから朝の会までの時間や、授業の間の休み時間（5分休みや10分休み）、給食の準備時間、昼休み、帰りの会の前、放課後、小学校の中休みなどの時間です。すきま時間の扱いについて大切にしたいことは、次の二点です。

- 教師がすきま時間に活動を詰め込まない
- 一部の生徒の自由ではなく、全員の生徒の自由を保障する

　一点目に、**教師がすきま時間を埋めることは避けましょう。**授業が休み時間まで延びる

ことはもちろん、昼休みや放課後を使わなければできない活動は、極力減らします。すきま時間は余白の時間です。余白を埋めてしまうと窮屈になります。ゆったりと過ごせるように環境を整えましょう。

二点目に、**学級の全員が安心して過ごせる時間をつくる**ことです。すきま時間は、教師の目が行き届きづらいため、問題行動がしばしば起こります。また、一部の生徒が好き勝手にふるまって、他の生徒は我慢を強いられるようなこともあります。生徒全員の自由を保障しましょう。そのためには、リーダーを中心としてお互いを尊重する関係をつくることが大切です。

すきま時間に教師は観察に努める

すきま時間には、教師も準備に追われていることがあります。準備が済んでいる時や、準備と並行して生徒にかかわることができる時には、生徒をよく観察するようにしましょう。「何か悪いことをするのではないだろうか」と監視するわけではありません。教室の安全の確保は最優先にすべきことですが、安全の確保は監視では実現しません。監視のような力による抑圧を続けると、その反動で教師の目がない所での問題行動を誘発するおそれがあります。生徒たちは教師の目元に表れる感情をよく読み取っています。**冷たい目つきで監視をするのではなく、温かいまなざしで生徒の様子を観察しましょう。**

また、「観察」というと実験で使う用語のため、冷たい印象があるかもしれません。ここでは、先入観を除いてありのままの生徒の姿を捉えるために「観察」という表現を使っています。具体的には、次のような点に着目して観察しましょう。

- **グループの様子**…メンバーの構成とグループ内の力関係を観察する
- **リーダーのタイプ**…タイプに分けて、リーダーになる可能性を観察する
- **グループ間の関係**…固定的・流動的、友好的・敵対的などの関係性を推測する
- **孤立する生徒の存在**…一人でいる生徒や、グループ内で浮いている生徒を探す

一点目がグループの様子です。「どの生徒がグループとして固まっているか」「グループ内でのリーダーは誰か」「影響力の強いグループがないか」などの視点から観察します。

二点目がリーダーのタイプです。生徒は、すきま時間になると授業や学校行事とは違う一面を見せることがあります。例えば、前に出ることを避ける生徒が、休み時間になると

いろいろなグループに声をかけていることがあります。人間関係の調整力を伸ばして、副委員長タイプのリーダーになる可能性があります。他の例として、授業中は寡黙な生徒が、仲のよい友人と一緒にいるとユーモアを発揮し、爆笑をとっていることがあります。もしかすると、そのユーモアが学級の他の仲間に認められれば、指揮者・応援団長タイプのリーダーとして強い影響力を与える存在に成長するかもしれません。**スポーツのスカウトのように、少し離れたところから観察し、リーダーとしての将来性を見出しましょう。**

三点目に、グループ間の関係を観察します。中学校では、仲よしグループで固定化し、他のグループとの交流をほとんどしないことがあります。観察した情報は、学習のグループや当番のグループをつくる時に生かします。

四点目に、孤立する生徒がいないか探します。例えば、普段は仲よしグループで話をしている生徒が一人でいる姿を見かけたら、気にかけましょう。また、本を読んでいる生徒が、読書を楽しむというよりは孤独を隠すように過ごしていることもあるかもしれません。

他にも、談笑するグループ内で曇った表情や取り繕った笑顔をしている生徒がいたら注意します。無理をしてグループに加わっていて、実際は孤立している可能性があります。

ただし、誰でも一人になりたい時はあるので、一人だからと言って問題があると決めつけてはいけません。むしろ、一人ですべきことを貫く生徒の場合は、優等生タイプのリーダーとして成長する可能性があります。「この生徒は、どういう思いでこういう行動をとっているのだろうか？」という視点で生徒の様子を観察しましょう。

以上のように、すきま時間を活用して情報を収集しましょう。自由な時間だからこそ、貴重な情報が得られます。なお、自由な時間なのに教師に様子を見られるのは、生徒にとって嫌なものです。準備や雑談をしながら、全体をさっと見回しましょう。そして、気になる動きがあったら視線の移動をいったんやめて、短時間だけ注視し、他の生徒へ視線を移しましょう。また、注視すべき生徒やグループは、視界の中に常に収めるようにします。

すきま時間の情報を生かしてグループをつくる

すきま時間の観察で得た情報は、授業や学級活動で公的なグループを編成する時に生かします。グループでの活動を円滑に進めたい場合は、仲よしのグループを土台に編成すると効果的です。ただし、仲よしで固まると、本来の活動の目的から外れて脱線するおそれがあります。対策として、方向性を示す委員長タイプのリーダーや、発言力の強い番長タイプのリーダーをグループに配置しましょう。

逆に、あえて仲よしグループのメンバーを分けると、新しい関係づくりのきっかけができます。調整に長けた副委員長タイプのリーダーや、面倒見のよいミニ先生タイプのリーダーをグループに振り分けると、活動が停滞しません。このように、**グループのメンバーの構成を見て、まとめるのに最適なタイプのリーダーを配置しましょう。**

また、グループは、教師とリーダーが協働して編成します。協働のレベルは、教師主導でリーダーに確認してもらう形から、教師が助言をしながら生徒が決める形まで様々です。学級の自治的な活動に対する習熟度に合わせて、編成を任せる度合いを変えましょう。どの形でも、最近のすきま時間でのグループの様子は、編成時の貴重な情報になります。

なお、異なるグループをつなげる時には、リーダー同士を先につなぐ方法と、リーダー以外の生徒同士を先に近づける方法があります。リーダー同士の相性やタイプを観察した上で、最適な方法を選んで、学級として連携した行動ができるようにしましょう。

騒がしさをリーダーの力で収める

すきま時間、特に昼休みには生徒のエネルギーが爆発して、うるさくなりすぎることがあります。にぎやかを超えて騒がしい状況なら、リーダーを通して落ち着いた雰囲気づくりに取り組みます。よくあるのが、指揮者・応援団長タイプのリーダーや番長タイプのリーダーが盛り上げ役になっているけれど、暴走や興奮をして騒がしくなるケースです。まずは、休み時間であっても**越えてはいけない一線を明確にします。**盛り上げ役の生徒は、「空気を読む」ことに長けています。基準を示して「ここまではＯＫ、ここからはＮＧ」と自分で判断して状況に応じた行動ができるようにしましょう。

また、優等生タイプのリーダーは、すきま時間に模範となる行動をしていることがあります。自由な時間でのキラリと光る姿を見逃さずに評価して、全体に周知しましょう。生徒にとって自信になり、他の生徒に行動を広げるきっかけができます。**素敵な行動にスポットライトを当てる**ことは大切です。

複数のリーダーの連携で準備を素早くする

すきま時間に次の準備が必要な時は、教師がいなくても動けるように、リーダーが指示を出しましょう。教師よりも生徒の指示の方が受け入れやすい生徒もいれば、逆にリーダーの言うことを聞かない生徒もいます。大切なのは、複数のリーダーの連携です。

例えば、集会で整列移動がある場合は、担任が指示をせずにリーダーに任せます。ただし、委員長タイプのリーダーが担任に代わって一人で孤軍奮闘していると、しんどくなります。他の生徒の協力が不可欠です。協力の形は、他の生徒がリーダーの指示に従うことだけではありません。優等生タイプのリーダーが率先して並びながら他の生徒に整列を促したり、指揮者・応援団長タイプのリーダーが「学年で一番かっこよく移動しよう！」とやる気が出る声かけをしたりして連携しましょう。

休み時間や帰りの会の前に全体的な準備が遅い場合も同じです。教師に代わっての指示と、教師にはできない声かけを組み合わせて、学級全体を動かせるようにリーダーを育てましょう。

05

日常場面　委員会活動

委員会を使って学級から学校を変える

委員会活動は、生徒会活動の一環として学級や学年の垣根を越えて行います。学級だけで行う活動よりも大きな枠組みであり、学級リーダーを育てる好機として捉えましょう。ポイントは、次のように学級活動と委員会活動を連携させることです。**一つの学級や一部の生徒の活動に留めずに、全校を巻き込みましょう。**

- **学級の中に生かす**…委員会で学んだノウハウや、外からの刺激を生かす
- **学級の外に広げる**…学級で身に付けた自治的な活動の考え方や方法を広げる

一点目は、**委員会活動の経験を学級に生かす**ことです。委員会での取組から学び、関連

した活動を考えたり、形を変えて学級に取り入れたりします。

例えば、学習委員会で家庭学習強化週間を実施している時に、かつて担任した学級では、「家庭学習の達人」に家庭学習のコツをインタビューする企画を行いました。ミニ先生タイプのリーダーが率先して家庭学習の方法を学級内にシェアしていました。

また、「家で勉強しようと思っても誘惑が多くて…」という声が出たため、学活の時間を使って、誘惑の原因を書き出して交流する「誘惑撃退キャンペーン」を行いました。指揮者・応援団長タイプのアイデアを生かして、委員長タイプのリーダーと私が相談しながら企画し、校内での了承を得て特別活動の計画を変更しました。当時は「委員会とクラスのコラボ」と呼んでいましたが、今で言うところのカリキュラム・マネジメントです。

二点目は、**学級で身に付けた発想や手法を委員会活動に取り入れる**ことです。先ほどの「家庭学習の達人」企画について、学習委員会で生徒が紹介したところ、他の学級の委員からも「やってみたい」という意見が出て、後期の学習委員会の正式な活動となりました。私の学級の学習委員の生徒が調整力に長けた生徒で、事前に他の学級によさをアピールしたことが功を奏しました。このように、リーダーたちが中心となって学級の取組と委員会活動を連携させることで、学校全体で自治的な活動を広げる効果があります。

委員会を教師の下請けにしない

委員会活動は、リーダーが活躍する場を教室の中から全校へ広げる絶好のチャンスです。しかし、実際は委員会活動が形骸化し、前例踏襲をするだけの場合もあると思います。そうなると、委員会は生徒による自治的な活動ではなく、学校の校務分掌の下請けになってしまいます。

それを防ぐためには、異学年と他学級という縦と横のつながりを生かして、新しい発想を生み出すようにしましょう。前例踏襲を脱するためのポイントは次の二つです。

- 教師が委員会を放任せずに、活動を楽しみながら一緒にアイデアを生み出す
- 教師同士が縦・横の連携をして、生徒会や委員会が柔軟に動けるようにする

一点目に、**教師が生徒と一緒に委員会を面白くするという姿勢でいることです。**「委員会は自治的活動だから生徒にすべて任せよう」と考えていると、活動は前例踏襲になります。なぜなら、委員会のメンバー同士の人間関係は薄く、話し合いのノウハウが蓄積され

ていないことが多いからです。そのような状況では、新しいアイデアを生むエネルギーを出すのは難しいでしょう。だから、委員会活動を教師が教室の隅で見守るのではなく、一緒になって「何か面白いことはできないか」と考えましょう。教師がリードするというよりは、委員のモデルになって、ひらめきを連鎖させるきっかけをつくります。そうすると、ミニ先生タイプのリーダーが発想のコツをつかんだり、指揮者・応援団長タイプのリーダーが独創性のある意見を出したりし始めます。「変えることは面白い」という気付きが得られると、一人の生徒のひらめきから新しいアイデアが広がっていきます。

二点目に、前例踏襲を脱するためには教師同士の連携が大切です。生徒会は中央委員会や役員会（生徒会執行部）、常任委員会などの組織に分かれると思いますが、お互いの活動は意外と見えにくいものです。そこで、それぞれの担当教員が連携して、縦割りの弊害を打破しましょう。

教員同士の連携を後押しするのが、学級リーダーの動きです。一つの例を紹介します。保健委員会に所属する生徒が、担当の先生に「先生、生活委員会でゲームをしすぎて夜更かしをする問題を扱って、お便りをつくるそうです。健康に関する内容だから、保健委員会でコラボしませんか？」と提案をしました。その提案を受けて、養護教諭にインタビューした内容を生活だよりに付け加えた「生活・保健委員会だより」が発行されました。保健委員会で提案をした生徒は、私の学級で指揮者として活躍した生徒でした。教室で委員会の活動ノートを誰でも閲覧している形をとっていて、生活委員会の活動を目にした時に「コラボができる」と思ったそうです。

学級リーダーが成長すると、縦割り組織の壁を超え、他の教師を巻き込みながら活動の輪を広げることができます。このように、学級リーダーが自由に動くようになると、委員会が前例踏襲のつまらない活動ではなく、わくわくするような活動に変わります。

活動を一部の生徒に留めない

委員会活動では、前例踏襲や縦割りの組織の弊害に加えて、生徒全員が参加しないという問題があります。多くの学校の場合、委員会は学級から選出された代表が参加するため、委員会活動に参加しない生徒もいると思います。大切なのは、委員会活動には参加しなくても、生徒会組織の一員として生徒会活動にかかわるようにすることです。一部の生徒だけが委員会にかかわり、他の生徒は関心をもっていない状況は避けましょう。『中学校学習指導要領（平成29年告示）解説　特別活動編』では、生徒会活動について次のような説明があります。

委員会や学年などの限られた集団だけで取り組むのではなく、生徒一人一人ができることは何かを考えていくことが大切で、それが生徒会全体として生徒の役割の自覚と責任の遂行につながる。

生徒の自発的・自治的活動を一部に留めないことの大切さが指摘されています。生徒全員が生徒会の一員としての自覚をもつためには、連携する経験が必要です。活動を広げる時には、次のように**活動を広げる方向を意識しましょう。**

- **内側へ広げる**…委員会と学級の係が連携する
- **横へ広げる**…別の委員会や学年委員会を通して連携する
- **縦へ広げる**…生徒会役員会や生徒総会、教員や事務職員と連携する

一点目が、内側へ広げる方法です。特定の委員会で温めた企画を実行する時に、学級の

係活動と連携させます。連携する係の選定や係活動の決定は、委員の生徒がリーダー役として主導します。この際の注意点は、係が委員の下請けにならないようにすることです。係活動が当番活動のようになってしまいます。係の生徒の要望を聞きながら、学級をよりよくするために、**学級内で負担をかけずに楽しく活動できる**内容を考えましょう。

二点目は、横への広がりです。別の委員会との連携については前項で述べましたが、学年単位の委員会を活発に行う方法もあります。異学年交流のよさは損なわれますが、**学年委員会だと意思決定が迅速になり、機敏な行動が可能となります。**番長タイプのような横のつながりを重視するリーダーが活躍できます。また、教師にとっては、学級経営と学年経営を連携させやすくなります。

三点目は、縦の広がりです。学年の縦ではなく、**組織の縦の連携**を意味します。生徒会の役員に要望を上げたり、生徒総会の場で他の委員会と協力する企画を出したりする方法が考えられます。また、生徒の側から教職員に要望を出す機会を設けましょう。特に予算の必要な活動では、事務職員に相談をすると活動が円滑になります。

連携の輪を校外へ広げる

委員会の連携は校内で満足せずに、校外にも目を向けることで活動が充実します。まずは他校の生徒会活動を情報収集することから始めます。自校でアレンジして取り入れることができる活動を探します。それに慣れてきたら、他校との交流や自校の情報の発信に移りましょう。

さらに、地域の団体や企業の活動とも連携を模索します。学校との連携に意欲をもち、信頼のおける大人と生徒たちをつなげます。連携の会議には教職員だけではなく、生徒会役員や各委員長が同席して発言するように促しましょう。**立場の異なる人たちと関係を形成する力**が磨かれ、リーダーとして大きく成長できます。

06

日常場面 部活動

自治をベースにした部活動をつくる

部活動は、教育課程に含まれない活動です。そのため、部活動の目標設定や活動内容は自由度が高いという特色があります。ですから、本来は**生徒による自治を中心に据えた活動**が可能なはずです。生徒がリーダーとなって課題を設定し、解決しながら、活動の成果を仲間の間で共有できるようにしましょう。

しかし、実際は、自治とは真逆な状態の部活動もあるのではないでしょうか。学級以上に、教師が主導し、生徒を管理する傾向が強いように感じます。その原因は、大きく三つあると考えます。

原因の一つ目は、生徒の選択を口実に責務を押し付けることにあると考えます。「部活は自分で希望しているのだから」ということを盾にして、普段の学校生活よりもはるかに厳しい指導をしているケースが見受けられます。一部の指導者の中には「自分が希望して顧問を務めているのだから、好きにやらせてもらう」という意識もあるように思います。裁量の大きさがよくない方向に働き、過度な練習や管理的な指導に陥っていると言えます。

原因の二つ目は、部活動は勝敗にこだわりたくなる要素が強いことになります。多くの部活動では大会やコンクールに参加します。また、各部員の技術面での「うまい」「下手」という差が見えやすい特色があります。勝敗にこだわるのは悪いことではないのですが、勝敗だけにこだわり、勝つことが目的化すると、技術に優れた生徒や技術指導ができる顧問が権限をもち、生徒による自治的活動は難しくなります。

原因の三つ目は、部活動に関する顧問の責任が重大であるにもかかわらず、十分な人員がいないことにあると考えます。何十名もの部員を顧問一人で見なければいけない状況だと、事故を防ぐために管理的・抑圧的な指導に走りやすくなります。私も、九十名以上の部員を一人で見ていた経験があるので、大変さはよくわかります。しかし、管理を強めれば、部員同士の言葉が攻撃的になり、結果として指導の場面は増えざるを得ません。

以上のように、部活動のもつ自由度や裁量の大きさが、必ずしもプラスに働いていないという課題があります。これらの課題を克服するためには、**部活動の目的を問い直し、目**

指すべき姿を生徒と一緒に考えていくことが大切です。「何のための部活動なのか」「部活動は誰のためにあるのか」という問いと向き合いながら、自治的な要素を高めましょう。

教師の専門性を部活動の指導に生かす

部活動では、経験のある競技の顧問を務めるとは限りません。仮に競技経験があったとしても、学生時代にコーチとして専門的な研修を受けたり資格を取っていたりするケースは多くありません。そもそも、勤務時間外の部活動は、教職員の業務ではありません。

部活動の顧問を引き受けて指導に当たる時には、教師としての専門性を基盤にすべきです。次のように、**他の教育活動との連続性を意識し、連動させる**ようにしましょう。

- **連続性**…部活動における教育目標を確認して教育内容を整理する
- **連動**…学級リーダーや学級の組織づくりを部活動に生かす

一点目の連続性とは、教育活動の一環としての部活動であるという根本的な位置付けを理解した上で、部活動の目標や内容を見直すことです。目標については、個人の目標は

「全国出場！」などの勝敗にかかわる目標や競技内容に関するものでも構いません。しかし、チームとしての目標は勝敗ではなく、「どのようなチームをつくるか」という点に目が向くようにします。部活動の自由度を生かして、自治につながる目標を設定しましょう。

二点目の連動とは、自治的な学級づくりのノウハウや、学級でリーダーとして育った生徒を部活動に生かすことです。勝利以外のやりがいとして、自分や仲間の意見が集団の方針に反映されるという経験をできるようにしましょう。

共通する目標の下で個を尊重する

チームとして目標に向かう時に、個々がバラバラでは達成できません。部活動のチームとしての**方針や目標を共有する**ために、組織づくりは不可欠です。部員一人一人の声を生かすための組織づくりのキーワードは「尊重」だと考えます。具体的には、次の二点です。

- **脱線やひらめきを尊重する**…自由な発言を受け入れる雰囲気をつくる
- **参加の多様性を尊重する**…部活動に対する多様な参加の形を受け入れる

一点目は、ミーティングの場面などで、脱線したように聞こえる発言を生かすことです。部活動は決められたゴールがありません。その点を生かして、発言に対する心のハードルを下げるようにしましょう。自由な雰囲気の中で、独創的な意見を出しやすくしましょう。

ひょっとすると、先輩や技術の高い選手に遠慮をする部員がいるかもしれません。その時は、委員長タイプのリーダーが話を振る方法があります。または、ミーティング以外の場面で鋭い意見が聞こえた場合は、副委員長タイプのリーダーが「前、練習中にボソッと言ってたこと、すごくよい意見だと思うからミーティングで言ってね」と根回しをするなど、リーダーの力で他の生徒の発言を後押ししましょう。

二点目に、多様な形で部への貢献ができるようにします。下級生や技術が高くない選手も、それぞれの視点から発言できるようにします。匿名で意見を集める方法もありますが、批判的な意見に対して「犯人捜し」が始まり、部の雰囲気がギスギスとするおそれがあります。前向きな意見を集めるために、「部の目標を達成するために、あなたが貢献できることはないかな?」と問います。そうすると、練習の準備や後片付け、練習中の応援、ストレッチや走り込みなどの地味に見えるメニューなど、技術にあまり関係がなく、未経験者でも努力しやすいことが挙がります。それらの声を拾い上げて、**共通する目標の達成の**

ために、部員が自分の望む形やできる方法でチームに貢献する雰囲気をつくりましょう。

もちろん、多様な立場からの意見を広く求めると、意見の相違から対立が生じることがあります。その時には、リーダーの生徒が部として共有している目標を確認するように全体に呼びかけましょう。「何のためにするのか」という点での共通認識があれば、多くの場合に対立は解消されます。部活動は生徒が自分の意思で選んだ活動です。だからこそ、「自分の意見をないがしろにされた」と感じることを防ぎ、全員が「自分の意見が尊重されている」と思えるようなチームを目指しましょう。

叱るリーダーから問うリーダーにする

キャプテンや上級生が他の部員に対して苦言を呈する場面は、部活動だとよく目にします。顧問の代わりに生徒が叱るのは、部の秩序を維持する効果がある一方で、叱る側にとっては重荷となります。

教師であれば、生徒が非協力的な態度を見せても、経験や立場を生かして指導を「通す」ことができます。しかし、生徒が学級リーダーとなる場合は、そうはいきません。経験に乏しく、他の生徒と同等の立場であるために限界があります。

また、生徒同士の注意は、不公平感から来ている場合があります。その結果、生徒同士がお互いの足りない部分ばかりに目を向けるようになります。責め合うような雰囲気が広がると、教師がキャプテンを指名していた場合には、他の部員が結託してキャプテンに反発するかもしれません。キャプテンやリーダーを生徒間の投票で選んだ場合にも、選んだ責任を意識せず、または意図的に放棄してハシゴを外す場合があります。リーダーが孤立の中で、責任の重さに潰れないようにする必要があります。

リーダーの立場を尊重して、嫌われ役を押し付けず、リーダーが役割を楽しめるようにしましょう。そのためには、部活動のリーダーの役割として、指示や叱責を求めないことです。直接的に仲間を動かすのではなく、部員一人一人が考えて動くきっかけをつくる役割をリーダーに託します。考えさせるためには、問うことが大切です。**「~をしろよ！」ではなく、「…という目標に届くためには、どうしたらいいかな？」と仲間に問い、仲間からの意見を生かして部を運営するリーダーを育てましょう。**そのためには、顧問が練習時間の余白を多く設定し、生徒が問いを通して対話する機会を設けることが大切です。

部活動にかける熱い思いを生かす

学校生活の中で部活動に最も力を入れている生徒はいます。そのような生徒は、結果に非常に強くこだわる傾向があります。教師としては、教育活動の一環としてできることとできないことの線引きを行い、過熱や暴走を防ぐ必要があります。

それと同時に、真摯に努力している生徒だからこそ、結果にこだわり、負ければ本気で悔しがることを理解しましょう。そして、「みんながあなたのようには上手にプレーできないけれど、あなたの熱意はみんなに伝わるよ」と認めます。そして、その部員が優等生タイプのリーダーとして、他の部員の意識や行動を変える役割を果たせるように育てましょう。

07

行事場面

運動会・体育大会（体育的行事）

次の日を楽しみにできる活動にする

学級として学校行事で大切なのは、普段の学級経営と関連づけた目標を設定することです。特に、体育大会や合唱コンクールのような学級対抗型の行事は、勝利を目標にすべきではありません。それは勝利至上主義的な目標や、悪い意味での部活的な目標と言えます。体育大会でも合唱コンクールでも、勝つのは一つの学級だけです。したがって、勝つことを目標とした時点で、目標を達成できる可能性は大きく下がります。達成の難しい目標に取り組む羽目になるので、生徒には大きな負担となり、仮に勝ったとしても学級の人間関係にほころびが生じたり、上下関係のようなものができたりする恐れがあります。勝敗に目が行きすぎた時点で、学級づくりは負けです。

勝ちにこだわる生徒の気持ちを尊重しつつ、勝ち負け以外の目標を設定しましょう。そして、悪い意味での部活的な活動ではなく、「特活らしさ」のある活動を推進します。行事の意味を理解し、目標と計画を話し合いによって決め、実践しながら活動の改善を図るようにしましょう。

勝利至上主義に陥っていないかどうかを見極める基準は、**「全員が次の日を楽しみにできるかどうか」**という点にあると考えます。勝負にこだわると、次の日が不安になります。できない生徒は自信をなくして卑屈になり、できる生徒は重圧を感じます。そうではなく、体育的行事であれば、仲間と一緒に体を動かすことを楽しめるようにします。学校行事の準備や練習で**「できなくても楽しい。できるともっと楽しい」と思える活動を目指します。**

勝利以外の目標を設定する

学校行事に向けて、学級で勝つこと以外の目標を設定する時には、学習指導要領や解説が参考になります。現行の中学校学習指導要領では、健康安全・体育的行事の内容を「心身の健全な発達や健康の保持増進、事件や事故、災害等から身を守る安全な行動や規律ある集団行動の体得、運動に親しむ態度の育成、責任感や連帯感の涵養、体力の向上などに資するようにすること」と定めています。また、解説では健康安全・体育的行事のねらいを次のように説明しています。

○体育的な集団活動の意義を理解し、規律ある集団行動の仕方などを身に付けるようにする
○運動することのよさについて考え、集団で協力して取り組むことができるようにする
○運動に親しみ、体力の向上に積極的に取り組もうとする態度を養う

（いずれも『中学校学習指導要領（平成29年告示）解説　特別活動編』より抜粋）

学習指導要領や解説では、競技によって勝負を決めることではなく、あくまで**運動のよさと集団活動の意義**に焦点を当てています。この視点は、学級で目標について話し合う時に役立ちます。仲間と汗を流す機会をつくることで、運動に対して前向きな気持ちをもてるようになり、集団で行動することの充実感を得られるように、学級としての活動目標を立てましょう。

私が担任をしていた学級では、体育大会の時に次のような手順で活動目標を決めていま

した。ポイントは、**タイプの異なるリーダーが連携する**ことです。

①生徒全員に学校行事が終わった時の理想的な気持ちを想像して表現する
②委員長タイプ・副委員長タイプが進行して①の意見を交流する
③ミニ先生タイプのリーダーが②の結果を基にしていくつかの案を提案する
④体育大会のリーダーとなる「チームリーダー」（指揮者・応援団長タイプ）が中心となって話し合いを進め、皆が納得できる形で体育大会の活動目標を決定する

実際に決まった目標は「運動の苦手な人がニコニコ参加できるようにする」「結果がビリでも、負け惜しみではなくて本気で納得できるように練習する」などです。なかには「みんなが『走るのも悪くないなあ』と思って、体育大会が終わった日の夜に何人かはランニングや筋トレを始める」と、妙な目標になったこともありますが、運動に親しむという意識が表れていると思います。実際に、これが活動目標だった時は、体育大会の後に生徒の中で夜の筋トレと朝のランニングがちょっとしたブームになりました。

また、学級リーダー育成については、勝ち負けにこだわらない目標を決める過程で、タ

イプの違うリーダーが前に立つ役割を交代しながら話し合いを進めるようにします。そうすると、リーダー同士の交流と連携が進み、行事を通して一人一人のリーダーシップを磨くことができます。それと同時に、**リーダーの横のつながりができて、生徒が主体的に学級を動かす組織が出来上がっていきます。**

練習では番長タイプを巻き込んで伸ばす

目標と練習計画を立てて練習を始めると、思った通りにいかないことが続出します。特に、長縄跳び（大縄跳び）やムカデ競争のように、普段の体育の学習で取り組む内容と行事の種目がかけ離れている場合は、最初から上手に進むことはほとんどありません。

練習で思い通りの動きができない時に、同じ学年の他の学級が少しでもよい結果を出していると、焦りが出てきます。焦りは、リーダーや担任への不満に転じます。特に、番長タイプのリーダーは、練習方針や内容の問題点を大きな声で主張し始めるかもしれません。

その時に、**番長タイプのリーダーの主張に耳を貸さないのはＮＧ**です。「みんなが好き勝手な意見を言うと、練習が進まない。（指揮者・応援団長タイプの）リーダーの言うことをしっかり聞こう」などと注意してはいけません。かつて、私はそのように全体に向けて話をしてしまい、後悔したことがあります。番長タイプのリーダーは、学級の雰囲気を察して「ここは俺（私）が代表して言ってやろう」と考えて発言をしているものです。その意見を抑え込もうとすると、番長タイプのリーダーだけではなく、他の生徒たちも練習への意欲を失います。生徒が練習時間を憂鬱な気持ちで待つような事態は防ぎましょう。

そのためには、体育大会や運動会のリーダー陣に、番長タイプの生徒をメンバーとして加入するように求めます。加入のタイミングは、途中からでも構いません。練習や準備を進める中で、番長タイプとして発言力を強める生徒がいるからです。

リーダー陣は、指揮者・応援団長タイプのリーダーが中心ですが、そこに番長タイプのリーダーを「ご意見番」や「アイデア係」などの肩書きで組み込みます。さらに調整役として副委員長タイプがリーダー陣に入って、リーダー間の関係を取り持ちましょう。番長タイプの影響が働く「向き」を後ろではなく前に変えるようにします。**番長タイプを正式なリーダーとして登用することで、成果を出すために活躍できる仕組みを整えましょう。**

優等生タイプに損をさせない

体育大会や運動会の練習では、コツコツと努力を続ける生徒にスポットライトを当てることが大切です。トラブルに教師やリーダーの目が向いて対応に追われていると、真面目に練習に取り組む生徒は、ばからしく感じるかもしれません。個人の努力を認められずに、学級全体での練習は進まないからです。

その努力を軽んじずに、学級で決めた内容を忠実に守り、学級で合意した目標の実現に貢献する人物として正当に評価します。具体的には、優等生タイプやミニ先生タイプのリーダーとして引き立てるようにしましょう。

例えば、「今日の練習のＭＶＰ」を発表し、三回ＭＶＰに選ばれた生徒は「殿堂入り」として、練習時のグループのリーダーに抜擢するという方法があります。ＭＶＰの基準は、「うまい・下手に関係なくがんばっている」「準備や片付けを率先している」「困った仲間がいたら助けている」など、学級で決めた目標に沿って事前に決めておきます。そうすると、選ばれた生徒への嫉妬を予防できます。**がんばっている生徒が損をしない**仕組みを整えることで、生徒が意欲をもって挑戦できる素地をつくりましょう。

円陣の顔に成果が表れる

学級対抗の体育的行事は、普段の授業ではなかなか活躍できない生徒が仲間を動かす貴重な機会です。また、運動を苦手に感じる生徒が「体育は苦手だけど、体育大会は悪くはないな」と思える機会でもあります。教師としては、**一人の例外もつくらずに、みんなが満足できる体育大会にする**という決意をもって、それぞれの生徒ができる方法でチームに貢献する仕組みを、学級リーダーと一緒につくりましょう。

体育大会や運動会の当日に円陣を組む学級は多いと思います。その時の一人一人の表情や肩の組み方を見ていると、練習の成果がある程度わかると思います。照れながらも、誰も嫌がらずに笑顔で円陣を組んでいる様子が確認できると、文字通り、学級の輪が広がったように感じます。

08

行事場面

宿泊研修・修学旅行（旅行的行事）

旅を楽しむのは間違いではない

宿泊を伴う学校行事は、生徒がとても楽しみにしている行事です。学校では「授業の一環だから、楽しむだけではいけない」という指導がされることがあります。これは暗に「楽しんでばかりいてはダメだ。ちゃんとしなさい」というメッセージが込められています。しかし、**宿泊研修や修学旅行で楽しむのを重視するのは、間違っていません。**なぜなら、学習指導要領の解説でも「楽しい思い出をつくること」が明記されているからです。

具体的に引用して確認しましょう。中学校の学習指導要領では、宿泊研修や修学旅行は「旅行・集団宿泊的行事」（小学校は遠足・集団宿泊的行事）と呼ばれます。その内容は「平素と異なる生活環境にあって、見聞を広め、自然や文化などに親しむとともに、よりよい人間関係を築くなどの集団生活の在り方や公衆道徳などについての体験を積むことができるようにすること」と定められています。そして、解説では旅行・集団宿泊的行事のねらいを次のように説明しています。

校外の豊かな自然や文化に触れる体験を通して、学校における学習活動を充実発展させる。また、校外における集団活動を通して、教師と生徒、生徒相互の人間的な触れ合いを深め、楽しい思い出をつくることができる。さらに、集団生活を通して、基本的な生活習慣や公衆道徳などについての体験を積み、集団生活の在り方について考え、実践し、互いを思いやり、共に協力し合ったりするなどのよりよい人間関係を形成しようとする態度を育てる。

（『中学校学習指導要領（平成29年告示）解説　特別活動編』）

このように、旅行的な行事のねらいには、「人間的な触れ合いを深め、楽しい思い出をつくること」が明記されています。ポイントは、「楽しい思い出」の前に書かれている「人間的な触れ合い」だと考えます。普段とは異なる環境で、**仲間といつもと違う距離感で交流し、集団で特別な体験をする**ことが、生徒にとって楽しい経験になるようにします。

委員長と副委員長の力で全員が楽しむ姿勢をつくる

宿泊研修や修学旅行では、学校を離れて活動する点や寝食を共にする点など、普段と大きな違いがあります。事前の丁寧な計画と、当日の臨機応援な行動が生徒一人一人に求められます。それを支えるのが、学級リーダーの役割です。次のようにタイプ別の役割を果たすように、活躍の場を設けましょう。

- **委員長タイプ**…事前の目標設定に全力を尽くす
- **副委員長タイプ**…グループ編成の調整を担い、損をし続ける人が出ないようにする
- **優等生タイプ**…落ち着いた過ごし方の模範となる
- **ミニ先生タイプ**…研修班の要として情報収集や時間調整の責任を担う
- **指揮者・応援団長タイプ**…レクリエーションの進行役として引っ張る
- **番長タイプ**…レクリエーションの盛り上げ役として力を借りる

まずは、委員長タイプのリーダーです。学年の実行委員を兼任することが多く、学級の

ために動く余裕はないかもしれません。そこで、旅行に向けた学級の目標やスローガンを決めることに力を注ぎます。それ以外の場面で学級リーダーの力が必要な時には、異なる生徒に任せましょう。

宿泊研修や修学旅行の目標の案を尋ねると、生徒からは「楽しむ」や「仲間と親しくする」「協力して行動する」などの意見がよく出ます。学級で目標を決める時には「全員が楽しむためにはどうするか?」や「一緒にいることに疲れていても協力するためには何が大切か?」など、**旅行的行事でのつまずきの具体例を出しながら、それを乗り越えられるような指針としての目標**を決めましょう。

ある年に、委員長タイプのリーダーが中心となって、「空気」というスローガンを決めたことがあります。その意味は「新しい土地の空気を吸ってリフレッシュ。トラブルが起こりそうな時は深呼吸。空気を読んですぐ動く」というものでした。行動指針のような形ですが、決めて終わりではなく、生徒たちは旅行の前から意識して活動していました。

次に、副委員長タイプのリーダーに任せたいのは、バスや部屋などのグループ決めです。まず、担任とリーダーたちが相談しながら、グループの決め方を固めます。そして、実際のグループ編成では、副委員長タイプの生徒がメンバーの調整を図りましょう。それぞれの生徒の事情を理解しながら、**みんながある程度納得できる形**を目指します。枠が決まっている分、全員が１００％満足する部屋割りやバス座席は存在しません。その時に、気を遣って座席を譲ったり、希望を言わずに我慢したりする生徒が必ずいます。そこで、研修班のグループで「どの班でもいいよ」と譲ってくれた生徒には、バス座席で優先して希望を聞いたり、旅行以外の場面でグループを編成する時に配慮したりしましょう。

このような調整の権限を、副委員長タイプのリーダーに託します。特定の生徒がいつも我慢をして、わがままにふるまう生徒が得をするのは避けましょう。また、調整がうまくいかない時に、リーダー自らが率先して我慢をすることも避けます。そのような時は、全体に事情を話して再度調整を図ります。グループ編成は、多くの生徒が満足度90％の中で一人の生徒が０％になるよりは、みんなの満足度が70％の方が公正だと考えます。

正しく挑戦できるようにリーダーが率先する

旅行的な行事では、慣れない状況での活動が続くため、多くの生徒は普段以上に失敗を恐れる傾向があります。学校の持ち味である「間違える場所」としての機能が、生徒の慎重さや不安によって制限されます。また、引率の教員による安全や健康状態の管理は普段以上に重要です。それが過度な管理になってしまうと、生徒は必要な挑戦も「余計なことかもしれない」と自粛する恐れがあります。その一方で、旅行という特別な場所で解放感があって、自分を出したい気持ちになります。この葛藤が生徒のストレスになります。**安全を損なわないようにしつつ羽を伸ばす**というバランスの取れた行動が求められます。

そこで、模範的な行動を示すリーダーとして、優等生タイプの生徒の力を借ります。旅行的な行事での模範的な行動とは、消極的な姿勢では実行できません。先を見通して、率先して行動する力が求められます。また、同じグループの仲間に声をかける利他的な姿勢や、困っていたら他者に助けを求めるといった臨機応変な姿勢も必要です。

旅行の準備期間には、優等生タイプのリーダーに発言を求めたり、旅行中に見られた模範的な行動を意図的に全体に紹介したりしましょう。他の生徒が行動のモデルとして参考にできます。また、優等生タイプのリーダーには「どうしてそんなにテキパキ行動できるのか？」とインタビューすると、段取りをする力や視野を広くするコツを共有できます。

ミニ先生タイプの生徒には、グループ研修のリーダーとして活躍の場をつくります。物見遊山になると、研修の意味を生徒たちが見出せなくなります。見学場所や体験学習には、学校では経験できない価値があります。ミニ先生タイプのリーダーには、**研修の秘めた価**

値を明らかにして、他の生徒も好奇心をもって研修に臨めるようにする役割があります。

また、グループ研修の計画づくりでは、時間配分や順路、見るべきポイントの確認などについての正確なシミュレーションが必要です。その上で、旅行中に起こりそうなトラブルを予測して、対応の案を考えることができれば、準備万端です。ミニ先生タイプが分析力を発揮できるように、グループのリーダーの役割を事前に示しておきましょう。

リーダーの力を借りて生徒のモヤモヤを解消する

旅行的行事の楽しみの一つが、バスやホテルでのレクリエーションです。指揮者・応援団長タイプのリーダーをまとめ役にして、楽しめる活動を準備しましょう。レクの場面では、番長タイプのように発言力のあるリーダーを盛り上げ役として引き立てます。

バスレクでは簡単なゲームやクイズを次々と行うと、車内の雰囲気が和んでいきます。無理なく全員が参加できる内容を、たくさん準備しましょう。私の場合は、リーダーに加えてバスガイドさんと打ち合わせて、バスの中では何もしない時間はほとんど作りません。また、宿泊施設でのレクは夜空の観察やキャンプファイヤーなど、普段の学校ではできないものがおすすめです。特別な空間で過ごした経験が、思い出として残ります。

また、番長タイプのリーダーには、学級への影響力を生かして、旅行中の人間関係のもつれの仲裁を頼むのも一つの方法です。旅行中には、あまりよい印象がなかった生徒に対して「意外といい人」と思うこともあれば、普段は親しい友人に「何か嫌なところがあるなあ」とモヤモヤすることもあります。気持ちが落ち込んでいる生徒や、イライラした様子の生徒がいた時に、リーダーが話を聞くだけでスッキリすることがあります。重大なトラブルではない時は、**聞き上手な生徒や、生徒間の信頼の厚いリーダーの力で解決につなげましょう。**教師は、後でリーダーから報告をもらって情報を共有し、経過を見守ります。

09

行事場面　合唱コンクール（文化的行事）

合唱練習は諸刃の剣になる

多くの中学校の場合、合唱コンクールは学級単位で臨む最後の行事です。生徒も担任も「最後の行事だから、何としても金賞を獲りたい」と**競争意識が強くなる**傾向があります。そうなると、学級リーダーにも他の生徒にも負担がかかり、人間関係に亀裂が生じます。

私も担任をしていた時は、合唱コンクールに力を入れていました。若い頃は競争意識に囚われ、何度も失敗と後悔をしました。かつての苦い経験の例を三つ紹介します。

一つ目は、指揮者・応援団長タイプのリーダーに過度の負担をかけてしまったことです。Aさんは指揮者として練習を進めていましたが、男子生徒を中心に合唱練習に真面目に参加しないことが続きました。その結果、Aさんは練習中に「いい加減にしてよ！」と大声を出し、泣き出しました。その様子を見て、パートリーダーが男子を集めて話し合い、その後は練習に意欲的に取り組む生徒が増えました。このような経験をしたことがあります。

この様子を見ながら、当時は「行事らしくて青春だなあ」と呑気に思っていましたが、今振り返ると、美談にはできません。教師として**必要な予防策とリーダーへの支援**を怠り、結果として負担を強いてしまったと反省しています。

二つ目のケースは、任せ方を間違えた例です。パートリーダーのBさんが練習で声がそろわないことに焦り、合唱の苦手なCさんに「音を外すなら無理に出さなくていいよ！」と言いました。その結果、Cさんは歌わなくなってしまいました。私が練習の後に両者にフォローをしましたが、Cさんは本番も小さな声で歌い、Bさんは責任を感じていました。

リーダーに練習を任せていても、**他者を傷つける言動があれば担任が介入して指導し、関係の修復を図る**という意識が足りませんでした。結果として指導のタイミングを逃し、リーダーに対しても、歌えない生徒に対しても十分なフォローをできませんでした。

三つ目のケースは、番長タイプのリーダーとの関係が崩れたことです。Dさんは普段から自己主張が強いものの、合唱ではリーダーには立候補しませんでした。それにもかかわらず、練習に対して強い口調で意見を言い始めたことに対して、「まずは指揮者とパートリーダーの指示に従いなさい」と注意しました。練習は進むようになりましたが、Dさんは納得がいかず、陰で不満を言っていました。Dさんの意見にも一理あったので、**指揮者の立場を尊重しつつ、リーダー以外の意見を練習に生かす仕組みをつくる**べきでした。

いずれも、私にとっては苦い経験となりました。学校行事は諸刃の剣です。学級をよりよい集団へ高める起爆剤になることもあれば、集団を壊す爆弾になることもあります。

合唱の目標設定を間違えない

前述したような経験を糧にして、次第に合唱コンクールや学級劇を通してリーダーを育て、学級をゴールに向かって協力できる集団へと変えることができるようになりました。合唱コンクールの練習ポイントは、次のような目標設定と練習の進め方にあります。

- **目標設定**…行事の目的を理解した上で、適切な目標を設定する
- **練習の進め方**…目標に到達するために、多様な形でリーダーが持ち味を発揮する

一つ目に、**合唱の目的を理解し、学級の成長につながるような目標を設定します。**学習指導要領解説は、合唱コンクールなどの文化的行事のねらいを次のように説明しています。

生徒が学校生活を楽しく豊かなものにするため、互いに努力を認めながら協力して、美しいもの、よりよいものをつくり出し、互いに発表し合うことにより、自他のよさを見付け合う喜びを感得するとともに、自己の成長を振り返り、自己のよさを伸ばそうとする意欲をもつことができるようにする。また、多様な文化や芸術に親しみ、美しいものや優れたものに触れることによって豊かな情操を育てる。

（『中学校学習指導要領（平成29年告示）解説　特別活動編』）

キーワードは「楽しく」「互いに努力を認める」「美しいもの」などです。また、実施上の留意点として「この行事の一部については、生徒が自ら活動の計画を立て、意欲的に活動できるように援助する」ことや、「生徒に過重な負担の掛かることのないように配慮する」とあります。目標を決めて計画を策定する時には、これらの点に留意すべきです。

生徒に目標を聞くと、「金賞！」と競争に意識が向くものです。そこで、「どうして学級全員で歌う行事があるのだろうか？」と合唱の目的を問うようにします。賞は他の学級に左右されることなので、自分たちの努力で達成できる目標を考えます。そうすると「保護者と先生を泣かせる」「メッセージを込めて歌う」「聞く人も歌う自分たちも感動できるようにする」など、表現に関する目標が出ます。他にも、「合唱を通して仲よくなる」「練習をして、苦手なことにも挑戦する」「個性的なクラスだけど、歌う間だけは気持ちをそろえる」など、集団に関する目標を考えるようになります。委員長タイプのリーダーを中心にこれらの意見の中から学級として取り組むべき合唱の目標を決め、合意を図りましょう。

リーダーの英知を指揮者に集約する

合唱練習の二つ目のポイントは、**複数のリーダーの力を生かして練習を進める**ことです。指揮者が先頭に立ちますが、任せきりにはしません。まずは練習計画の作成です。本番までの日時を逆算して、目標に合わせて練習の優先順位を決めます。練習の様子を見ながら、計画を修正していきます。計画の立案には、ミニ先生タイプのリーダーが役立ちます。

学級の全員に向けて話をする時には、内容を指揮者が一人で考えないようにします。他のリーダーと事前に相談して様々な意見を集め、伝える内容を精査します。リーダーたちが練り上げた内容を指揮者が代表して話すことで、学級全体が指揮者の話を聞くようになります。リーダーたちが知恵を出し合って、指揮者に力を貸すようにします。そうすると、指揮者は他の生徒たちを惹きつける力をもち、思いを表現できるようになります。役割分担をしながら、リーダーたちが意思疎通を図り、連携して行動します。

合唱では「みんなで心を一つに」という意見もありますが、私は考えが違います。生徒たち、特にリーダーたちが**異なる強みを生かして一つのステージに立つために準備する**という意識が根付くようにしましょう。生徒がお互いの考えや歌唱技術の違いを理解した上で、みんなが納得できる合意点を探り、学級として聞かせたい表現を追求します。

歌えない生徒をリーダーが救う

合唱に苦手意識のある生徒がつらい思いをしないように、リーダーたちが持ち味を生かして支援をしましょう。例えば、次のように役割を分担してかかわるようにします。

- 指揮者・応援団長タイプと番長タイプで練習を楽しむ雰囲気をつくる
- 委員長タイプと副委員長タイプができる形での協力を形にする
- ミニ先生タイプと優等生タイプで歌唱技術をサポートする

一つ目は、歌うのが恥ずかしいという気持ちを変えます。体育大会のリーダーを務めた生徒や、番長タイプのリーダーの力を借り、指揮者やパートリーダーの指示に前向きな反応をするようにします。明るい雰囲気をつくり、歌うことを楽しめるようにします。

二つ目は、上手に歌うこと以外での活躍の場をつくります。例えば、立ち方や指揮者への視線、ブレスを強く吸うことなどの工夫で貢献できる方法を、委員長や副委員長タイプの生徒が提言しましょう。実際の練習の中でよい立ち姿や一生懸命なブレスが見られたら、指揮者や伴奏者が積極的にほめて紹介します。ほめられた生徒は自信がつきます。

三つ目は、歌の技術が上がるようにリーダーがサポートします。ミニ先生タイプのリーダーが教えたり、優等生タイプのリーダーが近くで一緒に歌ったりするとよいでしょう。

このように、**合唱が苦手な生徒を見捨てずに少しでも前向きになるように支えましょう。**

熱意を歌声に乗せる

本番が近づくと、生徒は他の学級の出来を気にします。指揮者やパートリーダーは、責任を果たそうとして熱くなります。また、番長タイプのリーダーは、負けたくなくて練習に口を出すかもしれません。行事に思い入れがあるからこそ、結果がほしくなります。

そのような思いを受け止めながら、最初に決めた目標を何度も振り返るようにします。勝つことは目標ではなく、「合唱を通して何を表現したいのか」ということを学級の全員で共有します。その上で、真剣になる気持ちを練習の姿勢に生かします。リーダーたちの思いを他の仲間に浸透させて、熱意を歌に乗せるようにしましょう。

矛盾するようですが、勝つこと以外を目標にすると、結果的に勝利につながる場合があります。なぜなら、他の学級の出来を気にせずに、自分たちの表現の質を追求するからです。歌い終わった後に**「この仲間とだから、最高の合唱になった」と思えるように練習を重ねましょう。**

10

行事場面　卒業式（儀式的行事）

儀式的行事を他人事にしない

入学式や始業式、終業式、卒業式などの儀式的行事については、全校で取り組む行事のため、学級では「静かに参加しなさい」といった指導だけで終わることがあります。私は、それではもったいないと考えます。生徒からすれば、儀式的行事は静かに参加するだけだと「面倒くさい」「楽しくない」と、**どこか他人事のように感じやすい**ものです。

しかし、儀式的行事は学校生活の節目としての重要な役割があります。「おとなしく参加すれば十分」と受け身な姿勢で終わらずに、儀式的行事と学級活動を関連付けて、リーダーや学級の成長につなげましょう。

学習指導要領では、儀式的行事に「学校生活に有意義な変化や折り目を付け、厳粛で清新な気分を味わい、新しい生活の展開への動機付けとなるようにすること」とあります。

さらに解説では、次のようにねらいを説明しています。

生徒の学校生活に一つの転機を与え、生徒が相互に祝い合い励まし合って喜びを共にし、決意も新たに新しい生活への希望や意欲をもてるような動機付けを行い、学校、社会、国家などへの所属感を深めるとともに、厳かな機会を通して集団の場における規律、気品のある態度を育てる。

（『中学校学習指導要領（平成29年告示）解説　特別活動編』）

学習指導要領及び解説の記述を参考にすると、儀式的行事は厳粛な雰囲気の中で、清新な気分を味わう行事であると言えます。厳粛な部分は実際の式の中で感じるものです。学級では、**清新さを感じながら新しい生活への希望や意欲を高める活動**を行いましょう。事前の準備と事後の学級での時間の過ごし方が大切になります。

最後の「さようなら」まで成長し続ける

儀式的行事の中でも、学年末の修了式や最高学年の時の卒業式は特別な価値をもちます。

卒業式の前後の学級の時間を使って、生徒たちが次の三つを実感できるようにしましょう。

・個人としての成長を振り返り、新しい生活に向けて自信を深める
・学級としての成長を振り返り、新しい環境に適応することの不安を軽減する
・仲間との協働を振り返り、環境を改変して集団を改善する意思をもつ

一点目は個人、二点目は学級としての成長を振り返ります。一年間の努力の足跡や成長の姿を確認して、新しい学年や新しい環境で飛躍するためのエネルギーを蓄えます。

そして、三点目に仲間とかかわり合い、持ち味を生かして協働してきたことで成長できたと実感する機会をつくります。そうすると、進級後にもしも「前の学級がよかった」と感じたとしても、「でも、自分と新しい仲間の力で、前の学級より、もっとよい集団をつくる！」という意識につながります。受け身的・消費者的に現状を受け入れるのではなく、現状を変える意識をもつために、積み重ねてきた努力と結果を振り返るようにします。

大切なのは、振り返る活動を通してさらなる成長を促すことです。**卒業や進級を迎えた日の「さようなら」のあいさつの瞬間まで、学級は成長します。**学級リーダーたちの出番

を用意して、最後までリーダーシップと学級を高めるようにします。

振り返りの学級活動をリーダーに任せる

卒業式の前後に学級で取り組む活動として、「学級の到達度評価」「全員で書く黒板アート」「学級通信を使った振り返り」の三つを紹介します。いずれも、学級リーダーが活躍する場面を意図的につくることで、最後まで個人や学級としての成長を促します。

まずは、**学級の到達度評価**です。項目や指標について、私は田中博之氏らが開発した「学級力向上プロジェクト」の学級力アンケートを使っていましたが、学校や学級独自のアンケートでも構わないと思います。年間を通して定期的に同じ項目と指標で到達度のアンケートを取り、結果を公表して生徒が改善策を図ることが大切です。

最後の評価の時期は３月ではなく、２月の中旬から下旬がお勧めです。結果に応じて「学級の最後の課題」を設定し、残りの期間で改善に向けた挑戦ができるからです。

アンケートの結果が出たら、分析をして改善策を考えるために学級会を開きます。進行は、委員長タイプと副委員長タイプが行います。ここで、今までリーダーとして活躍しつつも、学級会で提案者になったことがない生徒（例えば番長タイプのリーダー）に声をかけて、提案者になるように促します。声をかけるのは担任ではなく、委員長タイプのリーダーに任せます。そうすると、委員長タイプのリーダーは、番長タイプのリーダーに対して「これまでクラスのことを考えて、いろんな発言をしてくれたから、最後の学級会で提案をしてくれないかな?」と、やる気が出るように上手に声をかけてくれます。このように**リーダー同士がかかわりながら、新たな面でリーダーシップを発揮できるようにします。**

また、アンケート結果の分析をする時には、「なぜ〇組はこれだけ成長できたのだろうか?」と問うようにします。そうすると、リーダーたちの努力や工夫、フォロワーたちの協力的な姿勢、生徒が話し合って活動を提案する仕組みの定着など、自治的な組織に成長した要因を共有できます。年度末に振り返りをすることで、進級後に仲間と協力して集団を動かす参考になり、生徒の手で学級を運営する意欲も高まります。

卒業前日の黒板アートをみんなでつくる

卒業式の当日に向けて、担任が黒板アートを描く取組をしばしば目にします。私は担任をしていた時は、コロナ禍で休校だった一回を除き、すべて生徒の手で描くようにしていました。教師が巧みな絵を描いて生徒を驚かせる意義を否定するわけではありません。ただ、学級で過ごす最後の日に、黒板に作品を残すべきなのは、教師ではなく生徒たちだと考えます。教室の主役は、生徒たちだからです。過去の学級の黒板アートを例示して、具体的なデザインや作成方法はリーダーに任せます。美術的なセンスがありつつも、それまで生徒の前に立ってこなかった生徒を**「アートディレクター」として抜擢する**と、新しいリーダーを育てることができます。選出後の仕事分担は副委員長タイプのリーダーが手伝い、作業グループ内のまとめ役はミニ先生タイプのリーダーに任せましょう。

生徒に黒板アートのデザインを任せると、アニメのキャラなどよりも、学級のマスコットを描く場合が多く見られました。学級のマスコットとは、春の内にデザインを募集して、生徒の話し合いや投票で決めたキャラクターです。学級目標に沿った形のデザインにすると、様々な場面でマスコットを登場させやすくなります。過去には、サボテンやピザ、おにぎり、牛乳パックなどのマスコットがつくられました。生徒は愛着を感じ、最後の黒板アートのデザインとして選ばれていました。

黒板アートにはマスコットに加えて、生徒全員が一言ずつメッセージを書くようにします。ただ「ありがとう」や「楽しかった」と書いて終わるのではなく、「受験でしんどい時に励まして一緒に勉強してくれてありがとう！」や「体育大会で二位だったけど、応援と円陣の声は一番だったし、本当に○組が楽しかった」など、具体的に書くようにします。一番印象に残ったことや、一番伝えたいことを黒板に書き残します。和気あいあいと手作りの黒板アートをつくっていると、**さみしさと温かさが混ざり合ったような不思議な雰囲気**になります。実家を離れて一人暮らしを始める時に、長年暮らした部屋を眺めるのに近い感覚かもしれません。温かい雰囲気の中で、生徒が前向きになる機会をつくりましょう。

最後の学活は学級通信で成長を振り返る

卒業式や修了式が終わり、生徒たちは緊張から解放されて教室へ戻ってきます。その後の最後の学活で、私は一年間の学級通信を使った振り返りをします。この時期には、教室の掲示物を外して元の形に復元している場合が多いと思います。空いたスペースを使って、教室を囲むように4月からの学級通信を順番に貼ります。学級通信は学級の成長の姿が時系列で端的に記録されているので、振り返りの手段として最適です。学級通信に力を入れていない場合は、撮りためた写真を並べる方法もあります。

生徒は教室内を歩きながら通信を読み返し、一番印象に残った場面を一人一人、順番に話します。口火を切るのは、リーダーを務めた生徒たちに任せましょう。集団を成長させてきた功績を尊重して、リーダーの見せ場をつくります。リーダーたちには、苦労話や自分の殻を破って成長できた経験を話してもらいます。他の生徒はリーダーの発言を膨らませて補足したり、フォロワーとして別の視点からの考えを述べたりします。一年間を振り返ると同時に、気持ちを伝え合って相互理解が深まります。**学級の最後の場面を「消化試合」にせず、最後まで関係を深めることができるようにしましょう。**

成長の自覚は、自信と新しい環境に適応する勇気を与えます。過去を振り返ることで、これまでの歩みに自信をもち、生徒たちが未来へ向かって力強く歩き出せるようにしましょう。

11

行事場面

学年レク・学級レク

創造性のあるレクにする

学年レクや学級レクは、生徒が主体となって創意工夫を図ることができる活動です。学習指導要領や解説には、レクリエーションについての説明はほぼありません。小学校の特別活動の解説編に、係活動の例として「レクリエーション係」が挙げられているだけです。

レクリエーションとは、学校に限らず余暇を利用して心身のリフレッシュを図るための活動を指します。学校でレクを行う時には、リフレッシュという目的に加えて、創造性のある活動にすることが大切だと考えます。レクリエーションに含まれる「create（創造する）」部分に着目して、**楽しい活動を創出**します。その結果、生徒一人一人の元気が回復するだけではなく、**学級の人間関係が再構築**されます。学級レクや学年レクを自治的な集団づくりに生かしましょう。楽しい活動を通してリーダーを育てて、集団を鍛えます。

学級会で話し合う力を育てる

レクは自由度が高いため、生徒に放任してしまうと、これまで経験した内容ばかりになります。個々の経験や前例の呪縛から抜け出すために、新しい情報を積極的に取り入れるようにします。レクに関する書籍やインターネットで生徒が情報を収集し、情報の中から学級の雰囲気やレクの目的に沿った内容をいくつか抜き出し、必要に応じて内容を改変して、レクの原案をつくります。やみくもに情報を集めると、効率が悪くなります。最初に、レクのねらいやテーマを明確にしましょう。リーダーとなる生徒が方向性を示します。

学級全体で話し合う時には、学級会で複数の原案を提示して比較する方法が一般的です。レクという楽しい議題の場合は、生徒の発言のハードルが下がります。議長団を務めるリーダーたちが普段発言の少ない生徒を指名したり、小グループで話し合う時間をつくったりするなど、学級会でより多くの意見を交わす練習の場として活用できます。また、決め方については、多数決で一つを選ぶ形にこだわらずに、支持の拮抗する案を組み合わせたり、採用されなかった案を後日のレクで行ったりするなど、柔軟な形での合意形成がしやすいはずです。学級会に慣れていない生徒は、何でも多数決にしたがりますが、レクの話し合いを通して、その意識を変えましょう。レクは**自治的な話し合いをする実地トレーニング**として最適です。多様な意見を生かして、独創的なレクを目指しましょう。

リーダーの新しい一面を引き出す

レクは生徒の裁量が大きいため、実施に向けて一人のリーダーがすべてを仕切るよりも、複数のリーダーで分担や協力をした方がうまくいきます。レクの自由度の高さを生かして、準備や当日の運営を通して、次のようにリーダーの新たな一面を引き出しましょう。

- **委員長タイプ**…番長タイプのように自由に発言して場に影響を与える
- **副委員長タイプ**…優等生タイプのようにレクのお手本を見せる
- **ミニ先生タイプ**…副委員長タイプのようにレクの実施に向けた調整に努める
- **指揮者・応援団長タイプ**…ミニ先生タイプのように消極的な仲間を支援する
- **番長タイプ**…委員長タイプのようにレクを仕切る役割に挑戦する
- **優等生タイプ**…指揮者・応援団長タイプのように周りをぐいぐいと動かす

委員長タイプのリーダーには、レクの中で自由に発言するように促して、番長タイプのような発言力を磨きます。副委員長タイプは、レクで行うゲームなどを率先して行います。普段は優等生タイプが担うような「お手本」を見せましょう。

ミニ先生タイプには調整役を任せます。レクでは各担当の生徒がバラバラに行動するとうまくいきません。準備の進捗状況や当日の時間配分を確認したり、担当間の連絡・調整に努めたりしましょう。副委員長タイプのような調整力を身に付けることができます。

指揮者・応援団長タイプは、レクでは強いリーダーシップで学級をまとめる必要がありません。その代わり、学級の生徒全員が楽しめるように、レクに消極的な仲間に声をかけたり、無理のない形での参加を提案したりします。ミニ先生タイプのように仲間を見捨てない姿勢を磨きましょう。

番長タイプは、全体の進行役を任せます。レクのねらいを全体に示して進行役を務め、終わった時には振り返りの場をつくり、感じたことを全体に伝えます。レクは通常の委員会や学級組織とは関係なく、有志で実行委員会を組織しやすい活動です。番長タイプをリーダーに抜擢することで、委員長タイプのように前に立つリーダーとして育てましょう。

優等生タイプは、レクに真剣に参加しながら、周りの生徒も巻き込むようにします。指揮者・応援団長タイプのように、周囲への影響力を発揮する方法を身に付けましょう。

以上のように、**レクの自由さを生かして、普段とは違う形でリーダーが活躍できるようにします。**生徒の持ち味を生かすことの課題として、得意な仕事ばかりが続き、リーダーのタイプが「キャラ」として固定化する点があります。それは役割の定着とも言えますが、変化がなく、成長のきっかけが生まれません。

そこで、レクという自由な場を活用し、普段は行わないような役割に挑戦することを促します。**リーダーが新しい一面を見せる経験をすると、今後の学校生活の中で、多面的なリーダーシップを発揮できるようになります。**「普段は表に出たがらない番長タイプだけど、いざという時は委員長タイプのように学級の進むべき道を示す」というような形です。レクを楽しむだけのイベントで終わらせずリーダーの成長する機会として活用しましょう。

レクのトラブルを乗り越える

レクにはトラブルがつきものです。楽しい活動で自由度が高い分、生徒の主張がぶつかることや、気持ちが高ぶりすぎてケンカになることがあります。よく見られるのは次のようなトラブルですが、このトラブルを乗り越えて、学級としての成長につなげましょう。

- 準備や内容に不公平感をもって「ずるい！」と言う生徒が出てくる
- ゲームに熱くなり、ムキになって悔しがる
- 普段あまり仲がよくない生徒同士が一緒に活動することを避ける

一つ目が、不公平感から不満を口にするトラブルです。不公平感は、手続きに関する場合と、勝敗に関する場合があります。手続きに関しては、生徒が「ずるい」と思わないように、リーダーの独断ではなく、決める過程で生徒全員の意見を表明できる機会をつくります。すでに内容を決めてしまった場合は、準備に多くの生徒が参加するようにした上で、次のレクの時には丁寧に合意する手続きを踏むようにします。レクでは「何をするか」に目が行きがちですが、「どう決めるか」という視点が大切です。**みんなでつくるという意識を、合意形成と意思決定の方法として形にしましょう。**

また、レクのルールや勝敗に関して「ずるい」と言う生徒は、それだけ真剣に参加していると考えられます。二点目のトラブルのムキになる生徒と同じです。部活動の大会や体育大会、合唱コンクールなどの学校行事だけではなく、レクで悔しがる生徒もいます。そ

の姿を見ると「そんなただのゲームなのに」と思うかもしれません。真剣だからこそ、負けて悔しいと感じるのです。かつて担任をしたある生徒は、「せっかく総務班が一生懸命考えてくれたレクだから、負けてくやしい」と言いました。リーダーたちへの共感と感謝がレクに真剣に取り組む姿勢につながったようです。生徒たちは、大人とは違う価値判断の物差しをもっています。その物差しを折るのではなく、尊重しましょう。

レクでよくあるトラブルの三つ目は、仲がよくない生徒と同じグループになってやる気をなくすことです。中学生の場合、「仲がよくなくても一緒に楽しもう」と割り切るのは案外難しいものです。担任としては仲よしになることを押し付けないようにしながら、仲よくなるチャンスを目一杯増やすことくらいしかできません。

そこで頼りになるのがリーダーです。企画の段階では、仲の良し悪しに成否が左右されづらい内容にする方法があります。また、レクの本番では、疎遠な生徒同士の仲介役となりましょう。「みんな仲よく」を理想としつつ、**「今より少しでも仲よく」を目標にして、個人の相性や好き嫌いを超えて、場を共にして人間関係を変える**機会をつくりましょう。

レクの経験を自治的活動に生かす

生徒主体での学級レクの経験が積み重なってきたら、学年や全校へと関連付けて、規模を拡大しましょう。生徒会活動と関連付けて、学級リーダーが学年や全校という大きな舞台で他のリーダーと協働して活躍できるようにします。教師は、参加者が増えることで生じる課題を示しながら、その課題を克服する方法をリーダーたちに問い、手作りの行事が成功するように支援します。

レクが成功すれば、次は教育課程に組み込んだ行事に生徒が参画する形を整えます。**レクをきっかけにして、生徒による自治の度合いを高めていきましょう。**

あとがき

本書では学級リーダーの育て方について考えてきました。繰り返し述べてきたのが「多様なリーダー」と「関係づくり」、そして「自治」です。これらのキーワードを大切にしているのは、多くの生徒とかかわる中で、次のような悩みや後悔があるからです。

・リーダーに向かないと決めつけて、生徒の可能性を潰してしまったのではないか
・もっと腹をくくって、生徒に任せるべきだったのではないか
・リーダーの生徒に十分なフォローをできずに苦しめていないか
・リーダーに過度のプレッシャーをかけて行動を縛っていないか
・教師が扱いやすい生徒をリーダーとして特別扱いをしてはいないか

これらはほんの一例ですが、学級担任をしていると、「自分が担任でなければ、この子はもっと伸びたのかもしれない」という思いが幾度となく頭をよぎります。最後に学級担

任をしたのはコロナ禍の令和元年度でしたが、その時も生徒の可能性を引き出すことができたかどうか、自信はありません。

ただ、これまで試行錯誤を続け、生徒と共に積み重ねてきた実践を基にして、「多様な特徴をもつリーダーの協働によって自治的な学級をつくる」という学級経営のビジョンを形づくることができました。そのビジョンの実現には、教師と生徒が支え合い、生徒たちが異なる強みを発揮して協働しながら高め合うことが鍵となります。

教師が「こうすべき」や「中学生はかくあるべき」という固定観念を押し付けるのではなく、生徒一人一人の「どうしたいか」や「どういう人でありたいか？」という思いを尊重したいと考えています。それが、たくさんの生徒とかかわってきた経験から導き出した、学級経営に関する現時点での私の答えです。

学級リーダーが育つと、リーダー以外の生徒も生き生きと教室で過ごすようになります。それは、担任による学級王国ではなく、特定の生徒が隠然とした力をもつスクールカーストでもない、一人一人の権利が尊重される学級になるからだと思います。本書ではリーダーにスポットライトを当てましたが、リーダーだけを大切にするわけではありません。学級の生徒全員を大切にするという当たり前ながら難しい課題に挑戦するために、学級リーダーたちを育てるという意識が大切です。リーダーが育つと、他の生徒も影響を受けて成長し、集団の質が変わります。自治的な学級に成長すれば、生徒も教師も、温かくて安心できる雰囲気の中で、自分のよさを発揮できるようになります。

なお、本書では「〇〇タイプ」という表現でタイプ別に学級リーダーを捉えています。繰り返し述べてきた通り、「この子は番長タイプ」と決めつける意図はありません。むしろ逆で、教師の固定観念や、生徒の「私はこういうキャラだから」という思い込みを打破するために、リーダーの特徴を分けて「タイプ」と表現しています。

例えば、陰で影響力をもつ番長タイプに見える生徒に対して「この発言力の強さを考えると、委員長タイプの適性があるのでは？」と感じたことがありました。実際に活躍の場をつくると、学級の方向性を他の生徒に示し、話し合いの進行に手腕を発揮することがありました。生徒の秘めた可能性を多面的に捉える尺度として、タイプ分けが機能します。なお、本書ではリーダーを六つのタイプに分けましたが、学級の実態によって、タイプを増減したり種類を変えたりした方が的確な場合があります。柔軟さが大切だと思います。

最後になりますが、本書は私にとって十冊目の単著となります。こんなに多くの本を出すことになるとは、思っていませんでした。明治図書出版の大江文武さんには、十冊すべての編集をしていただいています。今回は学級リーダーという珍しく、新しいテーマのため、章立てや構成には本当にご負担をおかけしました。いつも誤字脱字が多くてご迷惑をかけているにもかかわらず、温かく励ましてくださり、感謝の気持ちでいっぱいです。

大江さんとのやりとりの中で、本書には「リーダー育成の前提として、個がのびのびと生きる土壌をつくるために必要な考え方が整理されている」というご意見をいただき、ハッとしました。私の伝えたかったことが、とても端的に言語化されていると感じました。本書でリーダー育成を通して学級経営のあり方を提案することができたのは、大江さんのご慧眼とお力添えのおかげです。本当にありがとうございました。

学校現場では、「みんな同じ」にこだわる画一的な指導からの脱却が進んでいると思います。画一化は効率的ですが、変化に弱い学級をつくります。一方で、多様性のある学級は変化に強さを見せますが、多様な他者をつなげる難しさがあります。その関係づくりの要が学級リーダーです。本書が、多様性を包み込む学級づくりの一助になれば幸いです。

二〇二三年一月

川端　裕介

【著者紹介】

川端　裕介（かわばた　ゆうすけ）

現在，北海道函館市立亀田中学校に勤務。

1981年札幌市生まれ。北海道教育大学札幌校大学院教育学研究科修了（教育学修士）。函館市中学校社会科教育研究会研究部長。NIE アドバイザー。マイクロソフト認定教育イノベーター（MIEE）。社会科教育では，平成24年度法教育懸賞論文にて公益社団法人商事法務研究会賞，第64回読売教育賞にて社会科教育部門最優秀賞，第29回東書教育賞にて奨励賞などの受賞歴がある。また，学級通信を学級経営に活用し，第13回「プリントコミュニケーションひろば」にて最優秀賞・理想教育財団賞，第49回「わたしの教育記録」にて入選などの受賞歴がある。

［著書］

『豊富な実例ですべてがわかる！中学校クラスが輝く365日の学級通信』（2018），『中学校生徒とつくる365日の教室環境』（2020）

『川端裕介の中学校社会科授業』シリーズ（2021～2022）

『教師の ON/OFF 仕事術』（2021，いずれも明治図書出版）

学級リーダーの育て方

多様な自立と協働を生みだす中学校学級経営

2023年３月初版第１刷刊　©著　者　川　端　裕　介
2024年１月初版第３刷刊　発行者　藤　原　光　政
発行所　明治図書出版株式会社
http://www.meijitosho.co.jp
（企画）大江文武（校正）大江文武・関沼幸枝
〒114-0023　東京都北区滝野川7-46-1
振替00160-5-151318　電話03（5907）6702
ご注文窓口　電話03（5907）6668

＊検印省略　組版所　株　式　会　社　カ　シ　ヨ

Printed in Japan　ISBN978-4-18-267530-0